中國史話

氣吞山河的
≫≫≫ 雄奇帝國

- 曇花一現的鐵血軍團
- 風雲際會的兩漢王朝
- 群雄爭霸的三國鼎立
- 親歷橫掃天下的大秦帝國
- 撫摸魅力永駐的雲岡龍門
- 再現白衣飄然的魏晉風度

本書是根據CCTV10教科文行動「中國史話」編纂而成，大致依編年的方式講述中國的歷史，透過考古的發掘，述說不為人知的傳奇與奧妙，中華文明的歷史遺存，在專家學者巨細靡遺抽絲剝繭的努力之下，伴隨著連連的驚嘆聲中一一呈現眼前，歷史殘存的片段獲得合理印證與連結，展現出中華歷史燦爛輝煌的廣度與深度。全書共分為六冊：

(1)尋找失落的歷史年表
《石器時代、夏、商、西周》(170萬年前~西元前771)

中華文明的歷史遺存，考證遠古人類的生存方式。

慷慨萬千的斷代工程，解讀夏商周的歷史年表。

嘆為觀止的考古發掘，述說不為人知的傳奇與奧妙。

本書共分四章，內容包括：文明初始、尋找失落的年表、三星堆、殷墟婦好墓。

這裏有中華文明的歷史遺存、慷慨萬千的斷代工程、嘆為觀止的考古發掘，本書為讀者考證遠古人類的生存方式、解讀夏商周的歷史年表、述說不為人知的傳奇與奧妙。

(2)唇槍舌戰的春秋時代
《東周、春秋戰國》(西元前770~ 西元前222)

捨我其誰的熱血男兒，探究鐵馬金戈的戰國遺跡。

獨領風騷的思想巨人，追尋萬古流芳的諸子百家。

一曲難在的妙曼天音，開啟色彩斑斕的曾侯乙墓。

本書分西周和春秋戰國和曾侯乙墓兩部分。內容包括：封建王朝的開端、制禮作樂與由神及人、競爭與動盪紛雜的歷史、隱者和道家等。

(3)氣吞山河的雄奇帝國
《秦、兩漢三國、魏晉南北朝》(西元前359~西元573)

曇花一現的鐵血軍團,親歷橫掃天下的大秦帝國。

風雲際會的兩漢王朝,撫摸魅力永駐的雲岡龍門。

群雄爭霸的三國鼎立,再現白衣飄然的魏晉風度。

本書共分五章,內容包括:秦帝國、兩漢三國、金縷玉衣、魏晉風度、石刻上的歷史。您可以領略曇花一現的鐵血軍團、風雲際會的兩漢王朝、群雄爭霸的三國鼎立,亦可親歷橫掃天下的大秦帝國、撫摸魅力永駐的雲岡龍門, 書中再現了白衣飄然的魏晉風度。

(4)塵封不住的絢麗王朝
《隋唐、兩宋、五代十國(遼、西夏、金)》
(西元581~西元1206)

風華絕代的隋唐氣象領略繽紛瑰寶的盛世繁華

一枝獨秀的兩宋雲煙品味錦上添花的兩宋芳澤

塵封千載的西夏往事探尋黃沙深處的王朝蹤影

本書共分八章,內容包括:隋朝業績、虞弘墓、盛唐氣象、大唐遺風、五代與遼文化、汴京夢華、錦繡江南、西夏王朝。書中涵蓋風華絕代的隋唐氣象,一枝獨秀的兩宋雲煙,塵封千載的西夏往事,可以領略繽紛瑰寶的大唐繁華,品味錦上添花的兩宋芳澤,探尋黃沙深處的王朝蹤影。

(5)三朝上演的皇權沉浮
《元、明、清》(西元1206~西元1842)

獨步天下的蒙古帝國,揭開繁盛華錦的蒙古詩篇。

氣吞華宇的明朝帝都,起航波瀾壯闊的明代巨輪。

濃墨重彩的康乾盛世，透視盛極而衰的清宮末路。

本書共分六章，內容包括：元朝風韻、明朝興起、康乾盛世、避暑山莊、文化劫掠、近代鐵路。

通過本書您可以了解縱橫四海的蒙古帝國、氣吞華宇的明朝帝都、濃墨重彩的康乾盛世，您可以綜覽氣象萬千的元朝風韻、起航大氣磅礴的明代巨輪，可以透視盛極而衰的清宮末路。

(6)吶喊聲中的圖強變革
《清末、民初》(西元1900~西元1919)

暮鼓晨鐘的血雨腥風，展示庚子事變的翻天覆地。

席捲神州的覺醒奮發，重現覺醒者們的生死豪情，描繪勵精圖治的少年中國。

本書分為庚子事變和記憶百年兩部分。主要內容包括：庚子事變的真相、清軍和義和團對東交民巷的圍攻、聯軍攻進了北京城、孫中山革命、清帝遜位、民國成立。

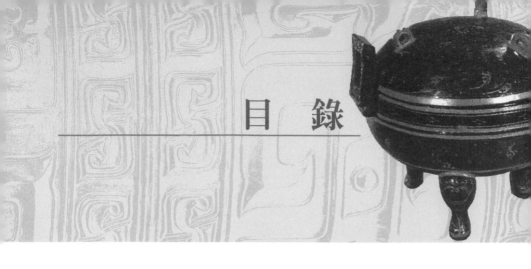

目　錄

目　錄

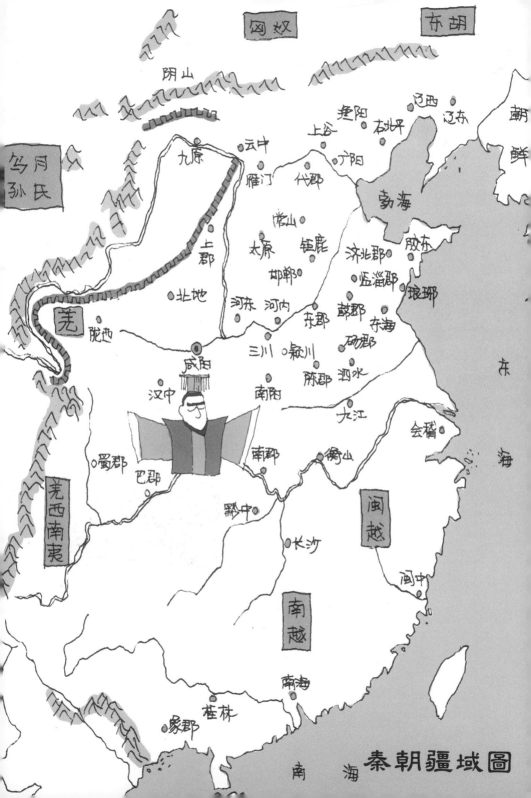

第一章 秦帝國

<1> 周疆西陲秦崛起

三千多年前，周王朝在鎬京（今陝西西安南）統治著中國。在周王朝的西北邊陲，生活著一個專門為國君養馬的部落，他們就是最早的秦人。這是一個傳奇般的部落，它最早的居住地在哪兒，什麼時候遷移到西北高原，至今仍然是一個謎。

西元前七七一年，來自於西方的游牧部落攻陷了都城鎬京，周王朝被迫遷都洛邑（今河南洛陽）。在周天子向東遷移的時候，養馬的秦人出兵護送。為了感激秦人的忠誠，周天子封秦人的首領為諸侯。秦人就這樣建立了自己的國家。

但是，剛剛立國的秦人面臨著極其艱難的處境。當時，西北高原是游牧部落的天下，這些馬背上的民族極其兇猛，他們經常對秦人進行攻擊和屠殺。史書記載，秦人幾代先王都戰死在疆場，頑強的秦軍開始在逆境中成長。經過二百多年的浴血奮戰，秦軍徹底征服了剽悍的游牧民族，統一了西北高原。

在西部站穩了腳跟之後，秦人的眼光轉向了東方。此時，周天子的統治地位已經完全喪失，戰火籠罩著中原大地。那是一個弱肉

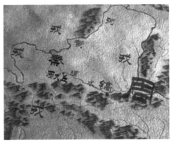

⬆ **鎬京地圖** 鎬京，在今陝西長安縣西北，是西周時代的首都，又稱西都、宗周，武王即位後，由豐京遷都鎬京，《詩·大雅》篇有：「考卜維王，宅是鎬京。」鎬京與東都洛邑為西周時的兩大都城。漢武帝時在此鑿昆明池，遂淪入池內

⬆ **秦人早期居住地──甘肅省禮縣大堡子山**

❶ 湖北省雲夢縣睡虎地發現的秦人喜之墓

❷ 農業律法竹簡 水稻種子每畝用二又三分之二斗

強食的時代，幾百年的兼併戰爭之後，弱小的國家一個個都消失了，出現在秦人眼前的是六個強大的對手。秦人發現：對手的實力遠遠超過了草原上的游牧部落，向東擴張的夢想一時很難實現。

轉折發生在西元前三五六年，一個名叫商鞅的人來到了秦國首都咸陽，他希望在秦國實現自己的政治理想。

《史記》記載，經過三天三夜長談，商鞅的治國之道完全打動了當時的秦王。從此，商鞅開始執掌秦國的大權，而秦國便有了一個延續發展的國策：耕戰。

商鞅告訴秦人，生活中只有兩件事：耕田和打仗。只有強大的農業才能支持不斷擴大的戰爭。《史記》上說，耕戰策略最終成就了秦國一統天下的宏願。

但是，這一國策具體是怎樣執行的，它如何影響普通的秦人？言簡意賅的歷史文獻並沒有提供答案。

>>> 天·工·開·物 >>>

【篆書】

古漢字的一種書體。有大篆、小篆之分。起於周末，後行使於秦國。小篆又名秦篆，指秦始皇帝統一文字所用的書體，漢代沿用。後世稱篆書，一般皆指小篆。秦代小篆文字資料流傳下來的有泰山刻石、琅邪刻石、嶧山刻石、會稽刻石等，以及無數秦量、秦權、詔版。文字已規範化，偏旁都有固定的形式和位置，形體豎長方，其空虛不足之處盡量用筆劃填滿。

【製陶史上的創舉】

秦陵兵馬俑的燒製成功是製陶史上的一個創舉。秦俑做成空心，既便於製作又易於燒製。同時在陶胎較厚的部位還採取了鑽空、挖溝槽和做成空心、夾層等方法，盡量使各部位易於燒結，達到陶色一致。為了防止變形與爆裂，陶俑、陶馬製作時專門留有一至三個小圓孔。陶俑、陶馬身上的透氣孔有一定的科學原理。通過圓孔可以使陶俑、陶馬內壁所產生的氣體得以從中逸出，以防止氣體受熱膨脹，引起爆裂。

幸運的是，考古學家在今湖北雲夢縣的睡虎地秦墓中發現了名叫喜的人所抄寫的一千一百多枚竹簡，為我們了解秦國的農業提供了線索。這些法律條文清清楚楚地顯示二千多年前，秦人是如何管理農業的。

⬆ **陝西鳳翔縣秦公一號大墓遺址** 秦公一號大墓位於陝西省鳳翔縣南指揮村，被譽為「東方倒金字塔」，其發掘工作被專家學者稱之為「再現中國歷史石破天驚的偉大事件」，一九七六年開始挖掘，歷時十年完工。大墓發掘出土的三千五百多件珍貴歷史文物，揭示了先秦時期豐富多彩的社會面貌，具有很高的歷史價值和觀賞價值

播種的時候，水稻種子每畝用二又三分之二斗；穀子和麥子用一斗；小豆三分之二斗；大豆半斗。如果土地肥沃，每畝撒的種子可以適當減少一些。

國家用法律來保障所有的農戶都用當時最先進的方法種莊稼。國家對耕作的管理，竟然具體到如此程度。

春秋戰國時期，牛開始代替人力耕田，它的意義在當時絕不亞於現代農業中用拖拉機代替耕牛。因此，牛的地位在秦國的耕戰國策中至關重要。

⬆ **陝西鳳翔縣秦公大墓遺址出土的鐵製農具**

竹簡上說，各縣對牛的數量要嚴加登記。如果由於飼養不當，一年死三頭牛以上，養牛的人有罪，主管牛的官吏要受懲罰，縣丞和縣令也有罪。

如果一個人負責餵養十頭成年母牛，其中的六頭不生小牛的話，飼養牛的人就有

⬆ **秦川上的耕田人**

罪。相關人員也要受到不同程度的懲處。

過去，歷史學家們知道，秦國有繁雜嚴厲的律法，但湖北雲夢睡虎地出土的這些竹簡，讓今天的人們真真切切地感受到秦國的法律嚴謹到了什麼樣的地步。

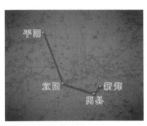

◆ 韓國都城遷移圖

◆ 秦與六國地圖

◆ 《史記》中關於蘇秦列傳的有關內容

◆ 都江堰放水圖

法律規定：農戶歸還官府的鐵農具，因為使用時間太長而破舊不堪的，可以不用賠償，但原物得收下。可見，國家是如此重視鐵農具。

陝西省鳳翔縣有一個大坑，這個大坑曾經是秦國一個國君的墳墓。二十世紀八〇年代初期，考古人員在這兒發現了一大批鐵製農具。根據常識判斷，國君的陪葬物應是當時最為貴

重的東西，鐵農具在秦國的價值確實非同尋常。

當軍隊還在使用青銅兵器廝殺的時候，秦國就鼓勵農民大量使用鐵製農具。與牛耕一樣，鐵農具的應用也是革命性的。

在一個以自耕農爲主的時代，秦國卻通過嚴謹的法律實現了對農業有效的宏觀管理。這種管理即使在今天看來，也是相當先進的。先進的管理制度最終造就了秦人發達的農業。

然而，秦國儘管有發達的農業，有限的國土面積仍然無法支持一支規模越來越龐大的軍隊。國家的決策者們爲此殫精竭慮。

⊙ 函谷關地圖　函谷關，「西據高原，東臨絕澗，南接秦嶺，北塞黃河」，以關在谷中，深險如函而得名。　歷史上，這裏發生了很多有重大影響的戰爭。著名的楚漢爭關，劉邦率先攻入武關滅秦，派兵守函谷關以拒項羽。古往今來，函谷關是連通陝、豫的必經之地，「白馬非馬」「雞鳴狗盜」「紫氣東來」等典故就發生在這裏。最有名的是老子李聃騎青牛過函谷關，應關令尹喜之邀，撰寫了五千言《道德經》

這時，這位站起來的巨人，把目光投向了身邊的韓國，因爲韓國擋住了秦國向東擴張的要道。

面對強秦的威脅，韓國成了驚弓之鳥，韓國都城更像候鳥一樣遷徙，從現在的山西平陽遷到河南宜陽，後又遷到禹縣，最後它在中原附近的新鄭落下腳來，然而這並不能躲避秦國咄咄逼人的攻勢。

逐漸強大的秦國令六國恐懼，當時合縱派政治家蘇秦提出了六個諸侯國聯合抗秦的主張，時稱合縱策略。韓國成爲合縱派國家的急先鋒，這時較大的合縱攻秦有兩次。

然而，秦國採納了魏國人張儀的連橫策略，同其他諸侯國又打又拉，在這個過程中，韓國並沒有躲過秦軍畢露的鋒芒，這是因爲韓國控制著秦軍進軍中原的關隘——函谷關。

西元前三一六年，在咸陽宮，秦國的丞相張儀和大將司馬錯正

在激烈爭論，爭論的焦點是應該奪取西面的巴蜀還是攻打東面的韓國。大將司馬錯提出建議，先攻佔南面毗臨的蜀國，利用蜀國佔據長江上游的優勢，順江而下，吞併當時唯一能與北方大國秦國相抗衡的楚國。得蜀則得楚、楚亡則天下定的軍事主張，成為這場辯論的結果。

秦惠文王採納了司馬錯的軍事策略後，在西元前三一六年舉兵滅掉了蜀國。這也為躍躍欲試的秦國直接勾畫出橫掃列國，實現統一的清晰思路。

<2> 都江堰：功在當今，利澤千秋

巴蜀，今天的四川盆地，兩千年前就是天然糧倉。秦國擁有巴蜀之後，軍糧儲備取得了長足的進展。

西元前二八○年的秋天，秦滅蜀三十多年後，大將司馬錯在蜀國的首府成都齊集十萬人馬，以數千艘戰船的浩蕩之勢，從岷江上游出發，順水進入長江，南下東攻楚國，實現自己借岷江之勢攻楚的軍事思想。

然而在奪取了楚國的商喻也就是今天的重慶涪陵之後，軍隊卻因為糧草和兵馬不能及時補充，在商喻陷入了癱瘓境地，無法繼續深入楚國。

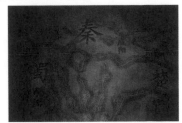

⤴ 秦蜀楚地圖

⤴ 岷江

這次戰爭的失敗，暴露了秦國利用蜀國作為攻楚跳板的缺陷。因為當時訓練士兵、打造兵器、徵集軍需物資，主要是在蜀國的中心成都進行。可是造船和起運卻要在岷江上游的汶山進行，兵馬從成都到岷江運輸碼頭，至少要經過五十多公里的陸路行進。糧草從成都出發，也需要數以百萬計的勞工，經過沿途艱難的裝卸才能到達碼頭。這樣一來，就很難在作戰中及時地補充兵援和物資。因此，把岷江改道使其經過成都的想法，在司馬錯伐楚之後開始醞釀。

↑ 用電腦繪製的都江堰全景

一項注定將成為人類歷史上曠古未有的宏大工程，就這樣在西元前三世紀群雄對峙、軍事利益高於一切的中國大地上開始了運籌帷幄。

西元前二七二年，秦國人李冰奉秦昭王之命，一路艱險來到蜀郡擔任郡守。按照秦國的耕戰文化和司馬錯的軍事思想，這位青年郡守要把自己的

↑ 飛沙堰水底部分

蜀地建成秦國統一天下的戰略基地。而當時秦楚兩國也已形成了劍拔弩張的對立局面，所以，把岷江改道，引水經過成都，使其真正成為一條戰爭補給線的計劃的實施，最終歷史

↑ 都江堰

性地落在了這位新任郡守身上。

上任後的李冰沿岷江而上，直抵岷江源頭，行程七百多里，開始了水情勘察工作。怎樣才能讓岷江水持續而又穩定地經過成都，使航道暢通。同時又要在洪水季節控制水，不危害平原上的城市，修建一個引水和控水的工程，成為李冰思考的重點。經過長達三年的時間，在西元前二七○年，一部精妙的治水方案終於出爐。方案中提出，如果在蜀郡首府成都建立航道，必須先在岷江河道上建起一個既能引水又能防洪的水利工程。這個工程是這條戰爭補給線能否形成的關鍵。

發源於甘肅與四川交界處雪山的岷江，是長江最大最長的支流。千百條涓涓細流穿過峽谷，千迴百轉匯成江河，在千山萬壑間奔騰而下，呼嘯而出，一入平原就像脫韁野馬、四處奔瀉，任意塑造出了寬闊而不穩定的河床和時分時合的岔道。它不僅水勢洶猛，而且全年水量不穩定。

那麼，在岷江河道中哪一個位置設置工程，才能最好地控制水的流量呢？這將會關係到工程的成敗。經過考察，李冰選擇了在山丘和平原的分界點上建造都江堰，以鎖住岷江的咽喉。

這一年李冰率數萬民工，在岷江河岸

【兵馬俑】

秦代兵馬俑在一九七四年被發現，俑坑在陝西西安臨潼縣。現已挖掘的一部分就有七千多件文物出土，規模宏大，被稱為「世界第八大奇蹟」。兵馬俑是作為秦始皇陵墓的陪葬品，象徵一支守衛軍隊。兵馬俑造型生動，性格鮮明，體型高大健碩，反映了中國古代工匠的卓越表現力，是大型群雕藝術史上的奇觀。與西方雕塑的不同之處還在於它的外表敷有彩繪，這說明二千多年前，中國的彩色陶塑藝術就已經相當成熟了。

【秦代兵器】

秦代兵器大致可分為青銅兵器、鎧甲和戰車三大類。其武器配備已根據實戰需要加強了計劃性，顯示了秦代軍陣組織嚴密、武器長短相配，裝備精良的陣容。這說明當時不僅青銅兵器已發展到空前的高度，而且鐵器的生產和使用已受到重視。從這個意義上說，秦代兵器的發展是古代冷兵器史上由青銅兵器向鐵兵器轉化過程中一個重要的轉折時期。

邊開始動工。工人們用竹片編成
籠,籠內塞滿鵝卵石,然後通過渡
船運輸到江心。用整整四年的時
間,在岷江江心建起了酷似大魚之
嘴的分水堤。當江水流至魚嘴時,
自然分成了內外兩江。其中內江為
引水河,也就是岷江改道通往成都
的工程。在這時,李冰遇到了一個
棘手的問題,岷江水在坐落於成都
平原西北的尖山前,戛然而止。這
座大山成為內江流向成都平原的天
然屏障,而尖山又是江水流入平原
的必經之路。怎麼樣才能把水引入
成都平原呢?

↑ 想像中的李冰治水圖

李冰決定開山闢水。他要鑿開
尖山,讓江水流入平原。這個決定
就意味著要將一座大山從中截斷。
但是,當時的中國正處於戰國時
期。那時還沒有發明火藥,也沒有
更多的先進工具。要把大山劈開,
就只能依靠簡陋的石錘曠日持久的
鑿打。如果只用這種方法,鑿開尖
山至少需要三十年的時間,而秦國
的統一大業卻迫在眉睫。

↑ 李冰的治水名言

↑ 分水堤

直至今日,我們都不得不佩服
李冰那超人的智慧,他想出了一個
奇妙的方法。決定對岩石使用火燒

↑ 塞滿卵石的竹籠

水澆的方式：民工們先在尖山虎頭岩岩面上架起大量木柴點火燃燒，一直燒到岩石發紅，再用冰涼的江水，一瓢瓢潑向滾燙的石面。經過熱脹冷縮，岩石崩裂疏鬆之後，民工們才腰繫吊繩，登上虎頭岩，揮錘鑿打。這一來，便大大加快了工程的進度。

光蔭荏苒，歷經八年，尖山終於敞開胸懷。虎頭岩的山體，分出了一條寬二十米的水路。工程的關鍵部分，航道入水口

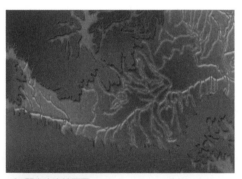
↑ 關中水文地理圖

↑ 都江堰位置圖

»»» 天·工·開·物 »»»

【青銅兵器】
　　主要有劍、刀、矛、戈、戟、鉞、殳、鏃、弩機等。製作十分精良，尤其是劍、矛、鏃等，在地下埋藏兩千多年，仍完好無損，光亮如新，極為鋒利。經光譜和化學分析，其主要成份是銅錫合金，也有微量的鎳、鎂、鋁、鋅、矽、錳、鉈、鉬、釩、鈷、鉻、鈮等元素，並能根據兵器不同的用途，相應地變化合金的配比。如銅鏃中含鉛的比例較大，鉛性有毒，射入人體，可增強殺傷能力。另經對比研究，其形制比春秋戰國有所發展，如銅劍的劍身增加了長度，以便於格鬥擊殺；弓臂的內側縛有輔木，增強了弓臂的張力，提高了箭的射程；矛數量極多，說明這類武器已普遍得到運用。

»»» 中·外·名·人 »»»

■李斯
　　(？—前二〇八)秦政治家。秦統一六國後任丞相。他主張焚書，又以「小篆」為標準，統一中國文字。秦始皇死後與趙高合謀偽造遺詔。著有《諫逐客書》和《倉頡篇》。

■費邊·馬克西穆斯
　　(Fabius Maximus，前二六〇—前二〇三)古羅馬將軍、歷任五屆羅馬執政官。性格沉穩，外號「拖延者」。與詭計多端的漢尼拔長期周旋，保存實力，避免與其主力作戰。前二〇九年收復名城特拉同。

的建成，使岷江水進入了平原。後人爲了紀念李冰的奇思妙想，把這個入水口稱爲寶瓶口。從此，汨汨清流，從寶瓶口奔湧而出，永久地灌溉著成都平原。

李冰當時把都江堰工程的修建選擇在岷江河流的彎道處，依據彎道的水流規律，把江水引入都江堰工程的主體。都江堰工程又分爲三大部分對水進行處理：魚嘴分水堤、寶瓶口和魚嘴分水堤尾部的飛沙堰。

面對滾滾而下的江水，首先由魚嘴分水堤把江水分爲內外兩江，平時六成江水分入內江，以保證成都平原的航運灌溉，夏季洪水到來時則利用彎道動力學的原理，將六成以上的江水，瀉入外江主流，而後匯入長江，以免成都平原遭受洪澇之災。同時，內江最終入口寶瓶口如同約束狂野江水的瓶頸，控制著多餘的江水無法進入成都平原，轉而從飛沙堰溢入外江，做到二次分洪。不僅如此，今天全世界水利工程都爲之困擾的泥沙排放問題，已在都江堰工程中得到了最爲精妙的處理。在魚嘴分流的地方，內江處於凹地，外江處於凸地，根據彎道的水流規律，表層水流流向凹地，底層水流流向凸地。因此，隨洪水而下的沙石大部分隨底層水流流向外江。

分沙之後，仍然有部分泥沙流向內江。這時，河道又利用江水直沖水底崖壁而產生的漩流衝力，再度將泥沙從河道側面的飛沙堰排走。洪水越大，沙石的排除率越高，最高竟可達到百分之九十八。都江堰工程這巧奪天工的三大部分，首尾呼應、互相配合，成功地做到了防洪排沙，它所蘊含的精湛水利原理，使都江堰工程成爲世界水利史上的典範之作。

都江堰建成後，李冰還定下了每年維修河道的制度。政府組織民工，每年利用枯水季節清理河床。清淤時必須要挖夠深度，以什麼深度爲標準呢？李冰當時在寶瓶口前的河床底埋下了石馬，每年淘灘只要看見石馬，深度就夠標準了。過深，內江進水量大，灌區

會受到洪水威脅；過淺，內江進水量少，灌區會遭受旱災。同時，在歲修時還要調整飛沙堰的高度，確保飛沙堰既能排沙，又能洩洪。這條「深淘灘低作堰」的治水經驗歷經千年至今還被奉為治水經典，為人們所使用。

千年滄桑之後，都江堰不僅沒有衰退成為歷史遺跡，發揮的效益還與日俱增，控灌的農田從秦漢時代的一百多萬畝，增加到了今天的一千多萬畝。

由於都江堰崇尚依順自然的治水思路，有濃厚的東方哲學色彩，使它在漫長的時代裏，已經與自然融為了一體，渾然天成，所以才能生生不息，歷久彌新。

西元前二五六年，歷時十四年之後，世界水利史上的驚世之作——都江堰建成竣工，開始了它對四川平原持續至今的影響。

此後，從成都出川的暢通水路上，漂滿了船舶，岷江上游沿岸的木料順水而下，運往成都製造戰船，士兵和兵器都直接在成都集散。

面對成都平原上的新水源，老百姓紛紛主動開挖大小溝渠，把水引向田間。巨扇式的渠網使廣袤的平原和附近的丘陵一改舊貌，短短數十年就使曾經旱澇無常的四川盆地增加了萬畝良田。

【鎧甲】

重要的防禦武器。從形制上看，可分成兩類：一類是由整片皮革或其他材料製成的，上面鑲嵌甲片，四周留有寬邊；另一類是由甲片綴編而成的，每一類又可分成若干不同的形狀。從數量上看，第一類比較少，大概是當時軍隊中指揮人員使用的防護裝備；第二類才是當時秦軍的主要防護裝備，它們都由長方形甲片綴成，編綴極為講究，其形制都是前長後短，披膊和身甲又與肩部綴編在一起。穿著時都是從頭上往下套，鎧甲下還墊著厚實的戰袍，以免磨傷皮膚，並能在鎧甲形制上區分車兵、騎兵、步兵三大兵種。

【戰車】

秦代車兵仍是作戰的主力。其形制與西周到戰國時期戰車大同小異，都是單轅，轅前端橫置車衡，衡上縛繩，用來駕戰馬，車轅後端壓置在軸上，其上置車箱。戰車的平面接近橫長方形，車門均在車箱後面。一般戰車都是四馬牽引，由御手一人、甲士二人組成。但是車兵士的武器配備，以前鮮為人知，而秦俑坑戰車旁邊發現有銅鏃、銅劍、銅鉞和矛類長兵器木柄，說明車兵常用的為射遠武器、格鬥武器和衛體武器。其中的銅鏃很長，應當是弩機使用的。從軍陣的排列得知，當時各個兵種中，車兵地位是舉足輕重的，騎兵和步兵均配合車兵作戰，這種情況恰好和山東臨沂銀雀山出土竹簡本《孫臏兵法》的《八陣》篇所說「車騎與戰者，分以為三，一在於右，一在於左，一在於後」相合。

從西元前二三○年開始，又有十萬秦國人，陸續從北方遷往蜀地，與當地居民共同開墾廣闊的平原。 囤積的糧食使蜀郡成為當時天下最大的糧倉。秦國國力與日俱增，成為當時中國疆土上最強大的王國。

<3> 鐵血軍團與神秘的地下軍陣

秦軍，這支曾經最強大的軍隊，包藏著太多令人費解的謎團，千百年來，它只是在人們的想像中存在。直到有一天，幾個陝西農民的意外發現震驚了整個世界！

一九七四年，乾旱襲擊了陝西省臨潼縣的西揚村，焦慮的村民希望地下水能夠拯救他們枯萎的莊稼。幾個村民將打井的地點選在一片石榴樹林裏的。三月份的一個黃昏，井水並沒有看到，從地下五、六米深的地方卻挖出了一個真人一樣的陶土人頭。發現陶俑的消息很快就傳開了，考古工作者取代了當地的農民，就在這個打井的地方，專業性的發掘開始了。

⬆ **楊志發** 秦俑發現人

最終的探測結

果表明這是一個空前巨大的陪葬坑，它的面積完全超過了人們的想像。一九七四年，由幾個打井的農民開始，二十世紀最壯觀的考古發現就此拉開了序幕。殘破的兵馬俑開始接受精心的修補，它們當初的面貌開始恢復。一個、兩個、三個、一個個陶俑重新站了起來。它們的大小和真人一模一樣，清一色都是戰士的裝束，身著鎧甲和戰袍，像軍隊一般，排列得整整齊齊，肅立在一道道隔牆之間。

陪葬坑中還挺立著幾百匹戰馬，它們昂首嘶鳴的狀態很容易使人聯想到雷霆萬鈞的戰場。在戰馬的邊上，古代戰車的痕跡清晰可辨，木製的戰車完全朽爛了，車體的輪廓卻保留了下來。

幾十輛戰車，幾百匹戰馬、幾千名戰士，在二十世紀七〇年代，排列在考古專家面前的儼然是一個完整的地下軍團。

關於這個俑坑的存在，史書上沒有任何記載，也沒有任何傳說透露過一絲線索。他們是誰的軍隊，這個陪葬坑的主人又是誰呢？關中平原是秦漢至唐代的帝王谷，在俑坑西邊的地平線上，可以看到一個巨大的土堆，那是秦帝國的創建者秦始皇的陵墓。

這樣壯觀的陪葬坑也只能是氣度非凡的始皇帝的作品。對於考古學家而言，推斷最終是否成立還需要更為直接的證據。挖掘在進行，考古人員從泥土中又發現了大量的青銅兵器。仔細清理以後，兵器表面上顯露出一些文字。

在一支矛上刻的文字，與今天的漢字非常相似，念作「寺工」。史書記載，寺工正是秦始皇設立的、主管兵器生產的國家機構。在一支戈上，專家們找到了更加確鑿的證據，戈上右邊的文字是：「五年相邦呂不韋造」。呂不韋是秦始皇的丞相，他的職責之一就是負責秦國的兵器生產。自殺前的呂不韋，是秦國的丞相，秦始皇的仲父。

兵器上面的這些紀年標誌著它們準確的生產日期。毫無疑問，

這些兵器都是在秦始皇時期鑄造，在秦始皇死後作為陪葬品被埋入地下。站在考古學家、秦陵考古隊首任隊長袁仲一和他的同事面前的，竟然是那支被歷史的迷霧籠罩、消失了二千多年的無敵軍隊。突然間，司馬遷筆下模糊的秦軍形象，一下子就變得具體、清晰起來，兵馬俑給人們的震撼是無法用語言描述的。

長平在今天山西省的高平縣，戰爭就發生在山谷裏。即將投入戰鬥的秦軍，一直是古代史學家幾筆帶過的模糊形象。而今天，軍事專家已經可以根據秦兵馬俑去推測那支令人生畏的軍隊如何作戰了。

長平之戰，秦軍主力在面對像波濤一樣翻滾而來的趙軍時，怎樣發起攻擊？他們的戰鬥隊形是什麼樣的？這些一動不動的陶土戰士，能告訴我們些什麼呢？

在兵馬俑主力部隊的最前邊，站著三排戰士，可以設想，在長平谷地的秦軍軍陣中，他們最先與趙軍接戰。考古發現，他們曾經裝備的武器一律是遠射用的弩機。這些弩兵分為三排，直面成千上萬洶湧

↑ **秦始皇陵** 秦始皇陵位於西安以東三十公里的驪山北麓,南依驪山,北臨渭水,高大的封塚在巍巍峰巒環抱之中與驪山渾然一體。陵園仿照秦國都城咸陽建造,大體呈回字形,陵墓周圍築有內外兩重城垣,陵園內城垣周長三千八百七十米,外城垣周長六千二百一十米。現封土底面積約為十二萬平方米,高度為八十七米,整座陵區總面積為56.25平方公里

↑ 青銅矛上的「寺工」

↑ 持弩的兵馬俑

↑ 青銅戈上的「五年相邦,呂不韋造」

而來的趙軍。

弓弩的射擊有一條規律,因為臨敵不過三發,敵人往前衝了,這一支箭裝上去以後射出去,你再裝一次,敵人還往前衝,三次箭射出去以後,敵人就衝到面前來了。時空關係就是這樣,所以古代射擊的時候一定要輪番射擊。

↑ 第二個被發現的俑坑

這是人們第一次親眼看到秦軍弩兵的作戰隊形。專家認為，他們站成三排是有道理的。可以推測，當第一排射擊的時候，後兩排拉弦搭箭，三排弩兵因此可以輪番射擊。在戰場

⬆ 二號俑坑發掘現場

上，密集的殺傷力最為致命。

在兵馬俑博物館，第二個被發現的俑坑至今仍然覆蓋著厚厚的黃土。但是，電腦技術可以幫助考古人員模擬地下的壯觀景象。

黃土下站立著一支獨立的弩兵部隊。前排的士兵正在射擊，後排的蹲著準備，一起一伏，配合默契。這顯然是秦弩兵作戰的一個瞬間。在秦軍之後將近二千年，歐洲人還用類似的方法組織火槍手，秦軍很有可能開創了這種經典的連續射擊方式。

在長平谷地，趙軍首先遭遇的就是秦弩兵。萬弩齊發，趙軍每前進一步都要付出很大的代價。然而，這只是秦軍的第一道攻擊波。

從一九七四年發現兵馬俑以來，考古工作就一直沒有停止。在一支矛頭附近，考古人員發現了一條6.3米長的矛柄遺痕，加上矛頭，完整的長矛接近七米。這種長度的刺殺兵器，端平都十分吃力，秦軍是怎樣用來作戰的呢？

如果用來單兵作戰，七米的長矛根本無法自由格鬥。但是，在古代希臘，亞歷山大的軍隊就以7.2米的長矛而聞名，由長矛組成的方陣曾經使他們戰無不勝。專家推測，秦步兵中應當有類似的長矛方陣，長矛的威力在於集體的力量。

↑ 電腦復原圖：持長矛的秦軍

↑ **伊闕地圖** 馳名中外的龍門石窟，位於河南省洛陽城南十二公里處，這裏香山與龍門山對峙，伊水於山間北流，遠望猶如一座天然門闕，史稱「伊闕」。秦名將白起曾在這裏大破韓、魏聯軍，隋朝建都洛陽後，因宮城面對伊闕而始稱龍門

↑ 鈹

↑ 武遂地圖

↑ **野王地圖**：野王，今河南沁陽市

↑ 范睢像

↑ 長平之戰圖

【鍍鉻技術】

經過對秦代劍、矛、鏃、殳等兵器進行微光顯微光譜、X光螢光、電子探針、光譜分析等檢驗，發現其兵器表面有一層緻密的含鉻化合物的氧化層。化學鍍鉻技術的發明，是中國於兩千年前首創的奇蹟。這一工藝的具體方法今天已不得而知，但據模擬性實驗，用鉻礦石的火硝在空氣的參與下，經過八百度至一千度的焙燒，可浸出製成鉻酸鹽或重鉻酸鹽。再把重鉻酸鹽加溫到四百度左右，使其液化，塗到青銅劍、鏃的表面，即可形成一層灰色的鉻鹽氧化層，具有良好的防腐蝕功能。這是當時生產條件下的一項特殊工藝。這種工藝在西漢時期仍沿用，後來失傳，遂成為千古之謎。

【瓦當王】

陝西臨潼秦始皇陵區出土的秦代秦瓦當。大半圓形，背有銅（殘）。直徑六十一釐米，高四十八釐米。瓦面飾夔鳳紋圖案。殘筒面飾粗繩紋，裏有麻點紋。雕飾遒勁簡練，氣魄恢宏大觀。因其形體為已見瓦當中最大的，故俗稱瓦當王。瓦當是筒瓦前部的端頭。此瓦當極可能用於屋頂的檐頭，裝飾防腐兼備，具有很高的藝術價值。

不論發生什麼情況，這些士兵都要挺著長矛向前走，前排倒下，後排立即補上，保持方陣不變。可以想像：為了將幾千人、幾萬人變成一個銅牆鐵壁的方陣，士兵們必須要進行嚴格的訓練。

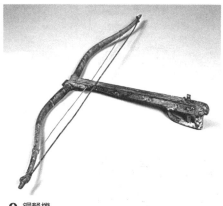

⤊ 銅弩機

從武器和作戰方式來看，長矛手是殺傷力最大的步兵兵種。槍頭如林，方陣如山，巨大的衝擊力不可阻擋。

在兵馬俑坑，考古人員還發現了另外兩種長柄刺殺兵器。

戟的長度在2.8米左右，它實際上是在戈的前邊加裝了矛頭，可以鈎砍，也可以直刺，與長矛手不同，持戟的士兵可以做單兵格鬥，對於他們來說，掌握自由搏擊的技巧和發揮個人才華是最關鍵的。考古人員發現的第三種長柄兵器叫鈹。它很像插在長桿上的短劍，長度界於戟和長矛之間，在3.5米左右，持鈹的士兵很可能也是靠某種隊形去衝擊對手。從不同的殺傷距離來看，長矛、鈹和戟長短之間既有專業分工，又可以互相保護。

但是，這些兵器之間究竟如何配合使用，今天已很難了解。兵馬俑坑曾被人盜毀，士兵手中的兵器大都遺失了，僅存的一些也散落在黃土中，原始的位置已經很難判斷。

秦國的兵工廠是當時世界上最龐大的兵器製造行業。

在兵馬俑坑，軍事專家還是發現了一種配合作戰的範例。在輕裝的弩兵中，有一個身穿鎧甲的士兵十分特殊，他手中是長矛一類的刺殺兵器。在射擊部隊中編制這樣的長矛手，是為了保護射擊手免遭衝到跟前的敵人傷害。從這些細節來看，秦步兵在專業化和協

同作戰方面，很可能已經相當成熟。

根據兵馬俑的布局來推測：兩千多年前的長平戰場，趙軍首先面對的是秦弩兵，緊接著就是秦步兵的衝擊。他們是秦軍真正的主力部隊。

<4> 長平之戰和先進的軍事工藝

當時和秦國鄰近的魏國也比較強大，秦國同時把魏國作為打擊的重點。西元前二九三年，韓魏聯手同秦國在今天洛陽東南的伊闕一帶發生大戰，結果秦殺死韓魏聯軍二十四萬人，韓國和它的盟國都受到秦國致命的一擊。短短兩年後，秦攻取了韓的中原重鎮宛（今河南南陽），這是韓國著名的冶鐵手工業發達區。

西元前二九○年，秦攻韓，韓被迫割讓武遂的三百里地給秦國。

西元前二六六年，一個名叫范睢的人在秦國出現，他向秦王獻策，秦國和韓國地形犬牙交錯，是秦國的心腹大患，秦國要想吞併天下就要避實就虛，首先滅掉韓國，這就是「遠交近攻」策略。

【標準化】
　　所謂標準化是指同類產品零件必須能夠互相通用，以便於大規模生產和檢驗管理，同時也便於更換和維修，它是現代化工業的產物。但通過對秦俑坑兵器的實測結果，發現數百件弩機的牙、栓、刀和其他零件，完全可以互換通用，輪廓誤差不超過一毫米。銅箭鏃按照應用需要，分為四種類型，形成了系列產品，同類型銅鏃的三個面的輪廓誤差不大於0.15毫米，鏃頭鋒刃採用流線型三維空間曲線，放大二十四倍後與當代生產的手槍彈頭輪廓線竟奇蹟般的重合。由此可見秦代兵器生產型號、式樣已規範化、系列化。一九八二年英國標準化專家在看到這批兵器後讚不絕口，並公認世界的標準化發源於中國的秦代。

【繭形陶壺】
　　俗稱鴨蛋壺。一九七五年湖北雲夢睡虎地九號墓出土了一隻秦代繭形陶壺，為一種儲容器。高二十五釐米、口徑十一釐米。敞口，圓圈足，腹部正視為繭形，側視為圓形。頸部中間飾一周凸弦紋，腹部飾十道凸弦紋。造型奇特。這種壺出現於戰國末年，主要流行於秦代及西漢前期，西漢中期逐漸消失。

根據史書記載，韓國從西元前四〇三年立國到西元前二四六年，一共受到秦國較大的進攻就有十九次。從西元前二六五年開始，秦國幾乎每年都要從韓國奪取土地，韓國就像秦國嘴邊的桑葉，被一塊塊蠶食著。

在趙軍被分隔的同時，秦軍派出一支五千人的騎兵部隊，切斷了趙軍的糧道。秦國的騎兵部隊又是什麼樣的呢？秦軍合圍之後，立即派出一支輕兵部隊衝擊趙軍。這支令人費解的「輕兵」，應該有超乎尋常的攻擊力，這個「輕」字又做何解釋呢？根據司馬遷的記載：就在這個山谷，秦軍曾經投入了六十萬左右的兵力。長平離秦國的都城咸陽將近五百公里。二千多年前，六十萬的一支秦國軍隊，遠離國土，連續作戰達兩年之久！這是一個令今天的軍事專家們迷惑不解的地方，所有這些問題，司馬遷在《史記》中並沒有提供答案。

↑ 六號坑出土的士官俑

西元前二六二年，秦攻韓的重鎮野王（今河南省沁陽市），切斷太行山上韓國上黨郡通往新鄭的道路，迫使韓投降。結果韓把上黨獻給趙國，引發了西元前二六〇年的長平之戰。

在秦帝國之後的一百多年後，偉大的史學家司馬遷誕生了。他的經典巨著《史記》記錄了幾百年間秦軍發動的一次次戰爭，但對於戰爭的詳細過程和具體細節，司馬遷卻很少提到。一場涉及幾十萬軍隊、持續幾個月的戰爭，往往只是簡略的幾十個字、甚至幾個字而已。秦軍使用什麼武器、如何裝備、用什麼方法攻擊對手，司馬遷似乎並不關注。

長平之戰是《史記》中唯一一場記載比較詳細的戰役。西元前

二六〇年，秦軍和自己最強大的對手趙軍在長平決戰，戰爭持續了整整兩年時間。

⬆ 陶馬

⬆ 馬鞍

司馬遷寫道，當雙方僵持、久攻不下的時候，秦軍出動了一支兩萬五千人的「奇兵」，將趙軍一分為二。這支出奇制勝的部隊到底是如何作戰的，司馬遷卻沒有更多的說明。

⬆ 考古發掘現場的箭頭

⬆ 戰車的殘跡

司馬遷在《史記》中記載：兩軍初次交鋒，趙軍損失慘重。深知秦軍厲害的趙軍統帥廉頗，立即改變策略，全線撤退，憑藉有利地形，構築壁壘固守。秦軍久攻不下，又遠離國土，戰局反而開始對秦軍不利。

《史記》中寫道，秦人用反間計使趙王上當，以年輕的趙括代替了老帥廉頗。趙括到達前線後，立即改變部署，向秦軍主動進攻。而秦王也秘密換上戰國時最為傑出的軍事天才白起為秦軍總指揮。

當趙軍大舉進攻的時候，白起認為戰勝對手的機會已經來臨。經過周密的思考和討論，一個大膽的計劃誕生了。秦軍主力開始在長平東南的有利地勢上構築壁壘，與趙軍

>>> 歷·史·典·故 <<<

【孟姜女哭倒長城八百里】

秦始皇修築長城徵集的民工中有個叫萬喜良的年輕人，他的新婚妻子孟姜女日思夜盼他的歸來，卻數年杳無音信。勇敢癡情的孟姜女做了棉衣千里尋夫，不料得知丈夫早已屍埋長城腳下。她在長城腳下大慟悲聲，直哭得黑雲翻滾、天地變色，長城轟然間倒了八百里。這個傳說反映了民間對秦始皇暴政的憤慨。

作戰的部隊依照白起的命令佯裝敗退。

趙括果然中計，率領趙軍主力離開大本營，進入了秦軍的口袋陣。

在夜幕的掩蓋下，兩支背負使命的秦軍悄悄地離開了營壘。一支二萬五千人斷去趙括的後路。另外一支五千騎兵直奔趙軍大本營。這是一個相當冒險的決定，兩支部隊要麼全軍覆沒，要麼徹底改變相持局面。

今天，那條將整個長平谷地一分為二的河流仍在流淌，當年包抄趙軍的秦軍，就穿過了這條河流。

然而，軍事專家對這兩支秦軍部隊一直迷惑不解。二萬五千名奇兵屬於哪一個兵種？五千名秦國騎兵究竟如何作戰，這一切都沒有人確切地知道。

二千多年後，在秦始皇兵馬俑坑，考古人員發現了秦軍的戰馬。專家測量了一百多匹陶土戰馬的身高，驚奇地發現：所有的戰馬高度都統一為一百三十三釐米。史書上說：秦軍選擇戰馬的第一個條件是馬的高度必須達到5.8尺，5.8尺正好是今天的一百三十三釐米。看來，秦人對戰馬的選擇十分嚴格。

史書上也有所記載，說秦馬好，好到什麼程度呢？說「探前蹶後」。前蹄子往前一拔就是探前，後蹄子往後一蹬，就是蹶後，「探前蹶後，蹄間二尋者不可勝數也」，就是前蹄子和後蹄子之間，一縱一丈六，這樣的馬多得很，數都數不清。

多年以來，人們普遍認為，趙國是創建中國騎兵的第

⬆ 一號坑的側翼部隊

一個國家。但是，這個草率的結論忽略了秦人的一段歷史。

三千年前，秦人的祖先生活在今天甘肅東部的高原（今天水一帶），那兒草場肥沃，最適宜養馬，秦人就是以養馬而起家。

早期秦人與游牧部落雜居，為了對抗牧人剽悍的騎士，秦人組建了自己的騎兵。這很可能是中國最早的騎兵部隊。但是，秦國的騎士在哪裏呢？

在這個仍然覆蓋著黃土的大坑下面，就肅立著一支完整的秦國騎兵部隊。

通過這支秦國的騎兵部隊，我們看到秦國的騎士：他們身材修長、裝束簡潔，獨特的皮帽緊緊地勒在下顎上。專家發現，和趙國早期的騎兵相比，秦軍的馬鞍先進了許多，它的兩頭微翹，已經有了現代馬鞍的雛形。但是，一個最關鍵的發現是：秦騎兵仍然沒有馬鐙。

在沒有馬鐙的戰馬上，騎士無依無憑，要全力保持平衡。馬鐙使騎士可以騰出雙手，用來攻擊敵人。但沒有馬鐙的秦騎兵究竟如何作戰呢？

從考古挖掘看，專家們在騎兵縱隊中沒有找到適於馬背作戰的長矛和戰刀，卻找到了箭頭、弩這樣的遠射兵器，秦軍騎兵竟然是用弩在馬背上作戰，確實有些出人意料，展現在人們面前的，正是騎兵處在初期發展階段時的形象。

可以相信，在長平戰場上，直撲趙軍大本營的五千騎兵還無法像後來的騎兵一樣，揮刀舞槍衝擊敵人。他們的任務很可能是監視趙軍大本營的動靜，襲擊趙軍運送糧草的後勤部隊。

然而，秦人深知作戰中合作的重要性，

>>> 天・工・開・物 >>>

【雲紋瓦當】
　　以雲紋為主題的瓦當，具有明快、活潑的藝術效果。雲紋瓦當占秦宮殿遺址出土瓦當的百分之九十以上，為當時瓦當最流行的紋飾，是封建統治者要求自己的宮殿象徵天漢祥雲繚繞的思想在建築藝術中的反映。

在厚厚的黃土下面，這支秦國的騎兵部隊井然有序。他們四騎一組，三組一列，八列共一百零八名組成一個縱隊。考古證實：秦騎兵已經具有非常嚴密的組織，這是迄今人們所知道，中國最早的騎兵編隊。

↑ 白起堡 相傳是秦大將白起的家鄉

戰國時代，因爲前所未有的速度和機動能力，騎兵部隊在秦軍中已經成爲一支不可或缺的攻擊力量。長平之戰，五千秦騎兵最終截斷了趙軍的糧道，爲徹底包圍對手發揮了關鍵作用。

↑ 長平之戰示意圖

山西省的高平縣有個村莊叫三軍村。兩千多年前，趙軍的統帥部就設在這裏。趙軍被圍後，立即建築工事，等待救援。這時，司馬遷寫道，秦軍統帥白起並不馬上發起總攻，他準備用更加殘酷的辦法削弱對手的戰鬥意志，白起圍而不打，只出動輕兵反覆襲擊、折磨被圍的趙軍。

↑ 被活埋的趙兵骸骨

圍困持續了四十六天，在那悲慘的日日夜夜裏，在成群饑餓疲憊的趙軍士兵中反覆衝殺的秦軍輕兵，究竟是什麼部隊呢？

在眾多的陶土戰士中，有這樣一群，他們手執戈矛，沒有任何防護鎧甲，是典型的輕裝。在冷兵器時代槍林箭雨的戰場上，這種裝束的戰士不是練就了一身高超的格鬥技術，就是擁有非凡的勇氣。一些軍事專家認爲，這些戰士很可能就是司馬遷所謂的「輕兵」。但是，其

【動物紋瓦當】
　　秦代以動物畫像為紋飾的瓦當，常見的有鹿紋、四獸、雙獾、夔鳳、鴻雁、魚等。意在取其諧音。鹿音諧「祿」，羊音諧「祥」，獾音諧「歡」，魚音諧「餘」，是封建統治者祈福求祥的心理在建築藝術上的反映。

>>> 中·外·名·人 >>>

■蒙恬
　　（？—西元前二一〇）秦將軍。秦朝建立後，他修築萬里長城，鎮守邊疆。史載蒙恬守邊，威震匈奴，匈奴因其守邊而不敢進攻。另外，相傳蒙恬在改良毛筆方面亦有過貢獻。

■漢尼拔
　　（Hannibal，前二四七—前一八三）迦太基最高行政官、著名將軍。前二二一年接任。在第二次布匿戰爭時戰勝羅馬人後實行重大改革，但改革措施遭到貴族寡頭們的反抗。後被迦太基政府出賣外逃，服毒自殺。

↑ 一號坑的軍陣前鋒

他專家有不同的看法。

　　在第二個俑坑，騎兵部隊的邊上，考古人員發現了大量戰車的殘跡，但是，當探測結果全部出來的時候，專家們卻頗感意外。

　　在秦的時代，車步配合是最典型的作戰方式。在龐大的戰車後面，總有步兵跟隨，進攻時車步總是一齊向前推進。車馳卒奔的作戰方式曾經風行一千多年。

　　但是，這兒的探測結果卻完全不同，在厚厚的黃土下，埋著一支純粹由六十四輛戰

車組成的部隊。

這些戰車車體窄小,仍舊由四匹馬拉動。可以推想,由於沒有步兵跟隨,他們完全可以跟上騎兵的速度。戰車上的士兵配備著戈、矛等刺殺兵器,正好彌補騎兵無法近身攻擊的缺憾。

一些專家認為,襲擊被困趙軍的輕兵,應該就是這種獨立戰車,將趙軍一分為二的二萬五千名騎兵很可能就是這種獨立戰車部隊。

趙軍主力在長平被圍的消息傳到咸陽,忐忑不安的秦昭王喜出望外,他立即親自趕赴前線,將十五歲以上的男子悉數徵召,組成一支大軍。這支臨時拼湊的秦軍從戰場的兩翼,一直插到趙軍大本營背後,徹底切斷了全部趙軍的後路。

趙軍統帥趙括終於意識到,形勢已經極度危險,他把部隊分為四隊,拼死突圍。司馬遷沒有提趙括是向哪個方向突圍,合乎邏輯的推測應該是向趙軍的大本營方向,如果真是這樣的話,趙軍必須闖過一關,就是那兩萬五千奇兵,正是他們,關閉了趙括與大本營守軍會合的鐵門。

可以想像,在整個包圍圈上,這裏曾經發生過最為慘烈的戰鬥。這支「絕趙軍後」的秦軍部隊,如果沒能頂住趙軍的拼死突圍,這場戰爭的結局或許會改寫。此時,除了士兵的勇敢,沒有什麼比精心組織的軍陣更有效了。

↑ 被活埋的趙兵兵器

在這個凝固的地下軍團,六千多個兵馬俑組成了一個活生生的秦軍軍陣。排列在軍陣最前面的是三排弩兵,他們是整個軍陣的前鋒。在軍陣的最後面也有三排弩兵,至今還埋在地下,他們是整個軍陣的後衛。

軍陣的最後邊有三列橫隊,其中有一列是面朝後的,為什麼要這樣布置呢,它可以防

↑ 被活埋的趙兵錢幣

止敵人從背後襲擊。

在軍陣的右翼，有兩列士兵，一列朝前，另外一列面牆而立。在左翼，也有一列士兵面目向外，虎視眈眈。這樣布置是提防大軍的左右兩側遭到敵人的突然襲擊。這些面壁的士兵正是整個軍團兩翼的護衛隊。

↑ 牽馬兵俑

有前鋒，有後衛，有兩翼，在這四面的圍繞之下，中間是個龐大的軍陣主體。

由三十八路縱隊組成的主力部隊，步兵和戰車相間交錯，浩浩蕩蕩、氣勢磅礴。

屯聚的陣勢，沒有張開，兵書上曾經講了，說這個樣子堅若磐石，一旦展開，如萬弧挺刃，好像一把刀一樣一下挺開來了。

這是古代戰爭史上極其經典的軍陣範例，它進可以攻，無堅不摧；退可以守，固若金湯。在這樣的軍陣前，趙軍難逃厄運。

白起堡是一個村莊的名字，傳說這裏是當年秦軍統帥白起的指揮部，作為最高統帥，白起怎樣指揮他那龐大的軍陣呢？秦軍投入到長平的總兵力在五十萬以上，即使在一個局部戰鬥中，恐怕也有成千上萬的士兵。

古代兵書上說，軍隊是靠擂鼓和鳴金來指揮作戰的，考古學家在兵馬俑軍陣的指揮車上果然發現了指揮工具。可惜，革製的鼓早已腐爛，但有個青銅鐸留了下來。兩千多年前的秦軍戰士，就是聽著它的聲音從戰場撤回。鳴金是收兵，而擊鼓，則是前進。各級軍官根據旌旗的指示改變擊鼓的節奏，士兵們根據節奏行動，這樣，在指揮官的意志下，成千上萬的士兵作為一個整體進退攻守，互相配合。

一九七四年，在秦始皇兵馬俑坑中發現了大量的兵器，對這些兵器的研究讓人們逐漸看到了秦軍鮮為人知的一面，司馬遷未曾記錄的那一面。

在河南省的西平縣，考古學家們發現了大量古人煉鐵的遺跡。兩千多年前，這一帶是韓國的冶鐵中心，鐵器的生產在當時已經有一定規模。

在河北易縣出土的燕國鐵劍，鋒刃部分已經達到了今天高碳鋼的硬度！春秋戰國的幾百年間，青銅正在慢慢退出歷史，鐵，正在開啓一個新的時代。

↑ 秦青銅戈

令人費解的是，處於同一時期的秦人，似乎沒有跟上時代。兵馬俑坑中出土的四萬件兵器，幾乎全由青銅鑄成。難道用武力統一了中國的秦軍是一支裝備落後的軍隊嗎？

↑ 秦青銅矛

司馬遷在《史記》中記錄了一次著名的謀殺事件。在秦統一中國前一年，強悍的秦軍正準備消滅燕國的時候，一個名叫荊軻的使者帶著燕國的地圖來到秦國。這是一場精心策劃的陰謀，獻圖投降是假，刺殺秦始皇是荊軻真正的目的。

↑ 越王勾踐劍

史記上這樣描述： 刺客荊軻手持匕首，繞柱奔逃的秦始皇企圖拔劍還擊，三次拔劍而劍竟然不出。

司馬遷解釋說，秦始皇佩戴的劍太長了，所以不能及時拔出來。

青銅劍一般都是短劍，它無法做長的原因是因為青銅材料容易折斷。春秋戰國時

↑ 兵馬俑坑出土的秦代長劍

期，最負盛名的越王勾踐劍，全長不過55.6釐米。青銅劍普遍寬而短，六十釐米似乎是青銅劍的極限。這種長度的佩劍隨手就可以抽出，秦始皇怎麼可能因為劍太長而拔不出來呢？對於司馬遷的這個解釋，歷史

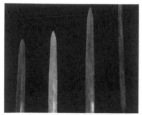

↑ 兵馬俑坑出土的秦代長劍與
其他青銅劍的對比

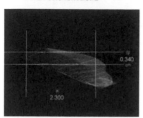

↑ 青銅劍的厚寬之比

↑ 青銅劍身

學家一直很困惑。

一九七四年，在兵馬俑坑的黃土中，考古人員發現了一把完全不同的青銅劍。令專家吃驚的是，這把劍的長度竟然超過了九十一釐米，秦人能夠製造如此之長的青銅劍！

可以推測，當年秦始皇佩帶的很可能就是這種加長的青銅劍。在刺客緊逼的奔跑當中，要拔出將近一米的長劍，確實不容易。司馬遷記載：在一個宮廷醫生的提醒下，秦始皇握住晃動不已的劍鞘，最終才拔出了佩劍。

專家很迷惑：秦人將劍加長的目的究竟是什麼呢？

十九世紀英國古兵器學者理查伯頓認為，在短兵器格鬥中，刺要比砍更有優勢，因為它更逼近對手。古羅馬軍團在血戰中總結出一條規律：以相同的力量，刺比砍更致命。

【阿房宮】
　　秦始皇統一六國後，徵調數十萬人興建朝宮，先建前殿阿房宮。據載，此宮規模宏大，殿上可容萬人，周圍有閣道相通，東、西、北三面築有隔牆，是著名的宮殿建築，秦亡時尚未完工，被兵火焚毀。現存地面上的遺跡，是一長方形夯土台基。其東是又一高聳台基，人稱「始皇上天臺」。

【直道】
　　史載秦始皇三十五年（前年），命大將蒙恬在咸陽以北修築聯結關中與河套地區的幹道，自雲陽至九原，塹山堙土，一千八百餘里，稱為直道。全程大約一半修築在山嶺上，一半修築在平原草地上。在子午嶺上、內蒙古一些地區，猶有遺跡可尋。直道沿線曾發現秦漢瓦片和城址。

【石料加工場遺址】
　　位於陝西臨潼鄭莊。原是為修築秦始皇陵而開設的石質建築材料加工場。經調查與清理，發現有倒塌房屋的碎磚瓦堆積，灰坑、灶坑遺跡，大量石料及粗坯、半成品、廢品和石渣；出土打石用的鐵工具，以及鐵農具、鐵刑具、銅器、石器、陶器等共約二百餘件。刑具為鑄鐵件，鐵刑具的出土，可印證文獻記載徵調大批「徒刑」建造秦始皇陵的史事。

1

比對手的劍長出大約三十釐米的秦劍，在格鬥中顯然更容易刺到對方，這很可能是秦劍加長的主要原因。但是，這畢竟是青銅劍，秦人用什麼方法讓長劍不易折斷呢？

在青銅時代，鑄劍的關鍵是在冶煉時，向銅裏加入多少錫。錫少了，劍太軟；錫多了，劍太硬，容易折斷。

↑ 秦代青銅三稜箭頭

對秦劍做的化學定量分析顯示：它的銅錫配比讓青銅劍的硬度和韌性結合得恰到好處。但秦劍更讓人著迷的地方，是它的外形。

獨特的設計使秦劍的受力部分得到加強，而又保持一定的彈性，同時劍身又不會過於沉重。或許，秦劍加長暗示著秦軍對格鬥技巧的認識有了某種重大的突破。

↑ 帶翼青銅箭頭

秦劍是青銅劍鑄造工藝的頂峰，它的長度、硬度和韌性達到了幾乎完美的組合，攻擊性能也因此大大增加。司馬遷記載：秦始皇只一擊就使刺客荊軻倒地不起，燕國也隨後滅亡。

↑ 當年修復兵馬俑的工作照片

兩千多年前，在消滅了中原六國之後，北方的游牧民族匈奴人就成了秦軍主要的對手。在秦軍進行統一戰爭的時候，匈奴騎兵乘機南下，侵佔了黃河以南大面積的土地。在帝國都城咸陽，如何對付剽悍的匈奴騎兵就擺到了秦始皇面前。

當匈奴騎手高速衝鋒的時候，傳統的步兵很難抵擋。從歷史記錄來看，一種叫弩機的遠射兵器很可能在秦軍擊潰匈奴的戰鬥中發揮了主導作用。

在兵馬俑坑，由於時間太過久遠，弩機的木製部分已經朽爛，但完整的遺跡仍然可以復原當初的秦弩。據此復原的秦弩機，有著驚人

的力量。

與弓不同，秦弩機必須用腳蹬、借助全身的力量才能上弦。專家估計，這種秦弩機的射程應該能夠達到三百米，有效殺傷距離在一百五十米之內，秦弩機的殺傷力遠遠高於當時任何一種弓。

↑ 頭戴板狀帽子的秦軍官兵馬俑

在弩機腐爛後留下的痕跡中，考古人員發現了青銅製作的小機械。這些小小的青銅構件就是弩機用來發射的扳機。它的設計非常精巧。令人不解的是，秦人為什麼不把它做得更簡單一些呢？

↑ 頭戴小圓帽、身穿簡單鎧甲的秦軍兵馬俑

假設一種最簡單的方案，製造成本可以大大降低。但是，射手完全靠手指的力量把勒得很緊的弓弦推出勾牙，就要用很大的力氣，在擊發瞬間，弩機肯定會抖動。今天的射擊訓練，擊發瞬間連呼吸調整不好都有可能影響射擊的準確性。

↑ 復原的持弩圖

秦軍的弩機通過一套靈巧的機械傳遞，讓勾牙在放箭瞬間突然下沉，扣動扳機變得異常輕巧。這恰恰是弩機的優勢，拉弓要用很大的力氣，時間越長，越難控制瞄準的穩定。

↑ 陝西省臨潼縣西揚村

↑ 騎兵俑

弩機上的望山，在上弦時可以自動地把扳機重新調整到擊發的位置。但它還有另一個不可思議的功能！

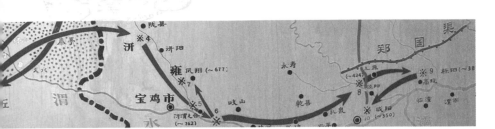

⊕ 秦都遷移圖

可以推想，在與匈奴騎兵廝殺的戰場上，秦軍弩兵射擊的情形。當瞄準遠處的目標時，射手參照望山估算弩抬高的角度，弩箭沿拋物線軌跡就可以準確命中敵人。望山，很可能是步兵武器最原始的瞄準系統。

在兵馬俑坑，出土最多的青銅兵器是箭頭，由於在坑中沒有發現弓，考古人員認為，這些青銅箭頭都是為弩配備的。

戰國時代，箭頭的種類繁多，箭頭上的倒刺和血槽讓人感到陣陣殺氣。而在兵馬俑坑中發現的箭頭，幾乎都是三稜形的。秦軍為什麼單單選擇了這種三稜箭頭呢？

三稜箭頭擁有三個鋒利的稜角，在擊中目標的瞬間，稜的鋒刃處就會形成切割力，箭頭就能夠穿透鎧甲、直達人體。

帶翼箭頭有兇狠的倒刺，但翼面容易受風的影響，使箭頭偏離目標。

秦軍的這種三稜箭頭取消了翼面，應該使射擊更加精準。專家對這些箭頭進行了仔細分析。當檢測資料最終擺到桌面上的時候，研究人員確實感到難以置信。

檢測結果發現：箭頭的三個弧面幾乎完全相同，這是一種接近完美的流線型箭頭。這種箭頭的輪廓線跟子彈的外形幾乎一樣。子彈的外形是為了減低飛行過程中的空氣阻力。我們有理由推測，秦人設計這種三稜形箭頭也是出於同樣的目的。

秦人憑經驗接近了現代空氣動力學的規律。這種古老的箭頭是早期飛行器當中的範本，它和今天的子彈一脈相承。秦弩，連同它配備的弩箭，在那個時代很可能是技術含量最高的武器，它使秦軍的攻擊

力大爲加強。

西元前二一四年，秦軍發動了針對匈奴
騎兵的全面戰爭。僅僅一年的時間，三十萬
匈奴騎兵就被徹底擊潰，黃河以南的大片土
地重新回歸秦國。

秦軍之所以能夠取勝，弩機的作用至關
重要。可以設想，在匈奴騎兵還沒衝到眼前
時，強勁的秦弩機就密集準確地擊中戰馬和
騎手。持弩機的秦騎兵射擊的準確程度是匈
奴人的弓無法相比的，匈奴人的皮甲也抵擋
不住弩箭強大的穿透力。

對馬背上的匈奴騎手而言，弩機是最致
命的武器。中國兵書經典《武經總要》中
說：弩機是對付古代游牧部落襲擊最爲有效
的武器。青銅弩機的設計是一個驚人的成
就，對於匈奴人而言，這種機械裝置太複雜
了，他們很難裝配或仿製。

當專家們對秦軍兵器的研究逐步深入
時，他們又有了新的發現。

戈是一種起源於短劍的長柄兵器，它
的形式曾經五花八門。但是，在俑坑中發
現的鈹，儘管生產日期相隔十幾年，造型
和尺寸卻完全一致。

有兩件戈也不是同年生產的，但它們也
是一模一樣。

湖北鄂洲是楚國的舊地，考古人員在這
裏發現了一把秦劍。細長的秦劍和當年楚國
的青銅劍完全不同。但是，它的造型跟陝西

⬆ 御手俑

兵馬俑坑中的秦劍卻完全相同。

在兵馬俑坑中發現的三稜箭頭有四萬多支，但它們都製作得極其規整，箭頭底邊寬度的平均誤差只有正負0.83毫米。

北京理工大學的冶金專家對秦軍箭頭做了金相分析，結果發現它們的金屬配比基本相同，數以萬計的箭頭竟然是按照相同的技術標準鑄造出來的。這就是說，不論是在北方草原，還是在南方叢林的各個戰場，秦軍射向對手的所有箭頭，都具有同樣的作戰質量。難道，地處秦國各地的兵器作坊都在有意識地，甚至是強制性地按照某個固定的技術標準生產兵器嗎？如果真是這樣的話，秦人就遠遠地超越了自己的時代。

標準化，是現代工業的基礎。標準化生產使不同的供應商生產的零件可以組裝在一起，也使大規模的生產成為可能。在兩千年前農業文明剛剛開始成熟的時代，假如秦人真的有過標準化的兵器生產，他們的目的又是什麼呢？

秦軍使用的弩機，由於製作十分標準，它的零件應該是可以互換的。在戰場上，秦軍士兵可以把損壞的弩機中仍舊完好的零件重新拼裝使用。秦軍的其他兵器雖然也可以互換，但對於大多數古代兵器來說，互換性要求的精確度並不很高。專家推測：秦人的標準化應該還有更重要的目的。

兵馬俑坑中發現的各種兵器，在戰場上應該有優異的表現。很可能是秦軍從幾百年的戰爭實踐中優選出來的。專家推測，秦人很可能將優選兵器的技術標準固定，國家再通過法令將這些技術標準發放到所有的兵工廠。

儘管按今天的工業標準看，這些兵器的標準化仍舊是比較粗糙和初步的，但是，在兩千多年前，秦人執著於統一標準，肯定是為了保證所有秦軍戰士使用的都是當時最優秀的兵器。

↑ 車左俑

秦軍的兵器製作得相當精致。在青銅劍上有三條九十多釐米長的稜線，將細長的劍身分成八個面，手工要完成這樣的表面加工有很大的難度。

戈的圓弧部分加工得十分規整，箭頭上三個流線型的表面也完全對稱。

讓專家迷惑的是，某些天才的工匠製造出幾件這樣的兵器是可能的，但實際情況是，兵馬俑坑中幾萬件兵器幾乎都是同樣的品質。

根據司馬遷的記載，秦軍的數量超過了一百萬。不僅如此，這支軍隊高度專業化，裝備極其複雜的武器系統。在差不多同一時期的歐洲，亞歷山大的軍隊是五萬人左右，最爲強盛時的羅馬軍團也不過幾十萬人。

爲一支一百萬的軍隊提供兵器，是一件可怕的任務，在十年統一戰爭的歲月裏，秦國的兵器作坊肯定是全世界最繁忙的地方，他們必須開足馬力，日以繼夜。問題在於，怎樣才能既保證標準，又大批生產呢？

仔細觀察一隻戈的圓弧處，打磨的痕跡還清晰可見，手工打磨，會有交錯的磨痕，那是銼刀往返摩擦造成的。奇怪的是，這些磨痕沒有交錯的痕跡。專家推測，秦軍青銅兵器的表面加工很可能是用砂輪實現的。兩千多年前是否有砂輪還有待考古證據，即便

↑ 車右俑

⬆ 秦俑群雕

是用砂輪，靠手的感覺來完成這些弧形表面的加工，要讓成千上萬件兵器達到同一個標準也是不可能的。

在兵馬俑坑中的兵器上面，刻著一些文字。這些文字和今天的漢字很相像。研究人員發現，它們大多是人名，其中出現次數最多的一個人是「相邦呂不韋」。

《呂氏春秋》是秦國最重要的一本歷史文獻，它的編撰者就是呂不韋。呂不韋是當時秦國的丞相，相當於今天的國家總理。《呂氏春秋》上說「物勒工名」，意思是，器物的製造者要把自己的名字刻

住上面。

　　對於歷史學家來說，這些看似普通的文字透露的是秦國軍事工業的管理機密。呂不韋作為內閣總理，是兵器生產的最高監管人。他的下面是工師，就是各兵工廠的廠長，監製這隻戈的廠長叫「戠」。

　　在廠長的下邊是丞，類似車間主任，這位主任的名字叫「義」。親手製作這隻戈的工匠，叫「成」。

　　專家由此推斷：秦國的軍工管理制度分為四級。從相邦、工師、丞到一個個工匠，層層負責，任何一個品質問題都可以通過兵器上刻的名字查到責任人。我們已經無法知道管理的細節，但秦國的法律對失職者的懲罰是非常嚴酷的，這就是物勒工名的用意。

　　透過這些冰冷的青銅銘文，我們或許還能看到那個遙遠年代中一些普通人的命運。

　　這個叫戠的人做了好多年兵工廠的廠長，戠每天都要檢查兵器生產，他得向丞相呂不韋負責。如果兵器品質有問題，按照秦國的法律，廠長首先遭受處罰。為了自己和一家老小，他必須盡職盡責。

　　處在這個金字塔式的管理體系最底層的，是數量龐大的工匠。專家在銘文中一共發現了十六個工匠的名字。

　　在秦國的手工工場，工人一般都是終身制。無論如何，這個叫「竊」的工匠一生都得

↑ 彩繪跪射俑

>>> 天 · 工 · 開 · 物 >>>

【樂府銅鐘】
　　一九七六年陝西臨潼秦始皇陵園內建築遺址中出土了一件青銅製打擊樂器。鉦和鼓部飾錯金蟠螭紋，篆間為錯金琉璃紋，鐘帶為錯銀琉璃紋。內壁有調音帶四條，其聲屬C調。鐘鈕一側刻小篆體「樂府」二字。樂府是掌管音樂的官署。此鐘為確定秦代已有樂府的建置提供了實物證明。

在工場度過了。十六年的勞作，不知道經歷過多少次的坎坷。就是這些像一樣的普通人，製造出了留到今天的這些精良兵器，從一絲不苟的加工痕跡上，我們至今還能感受到他們粗糙的雙手和專注的目光。

秦國眾多的兵工廠能夠按照統一的標準大批地製作高品質的兵器，金字塔式的四級管理制度是根本保證。當世界上大部分地方仍然被荒蠻和蒙昧包圍的時候，而秦人就以他們獨特的思維方式和智慧，創造出了那個時代最強大的兵器製造業。

現在，我們可以來回答最初的那個問題了：在秦的時代，人們還不能像處理青銅一樣熟練地用鐵，鐵的冶煉和鑄造還處在發展初期階段。所以，中國歷史上第一個大一統的帝國，仍舊是青銅鑄就的。

二千多年前，秦人將青銅的性能發展到了極致，在波瀾壯闊的統一戰爭中，這些青銅兵器曾經發揮了巨大的威力。然而，秦軍戰士怎樣使用青銅兵器，強大的秦軍究竟是如何作戰的呢？這支從遠古走來的軍團，還有更多的未解之謎激發著人們的好奇心。

秦始皇的兵馬俑有一個令人迷惑不解的現象：大量的士兵頭上戴著一種小圓帽。考古人員證實，這是一種麻布做的頭巾。軍官模樣的戴著牛皮做的板狀帽子。更多的士兵則把長髮盤在頭上，挽成一個個髮髻。無論是士兵還是軍官，秦軍一律不戴頭盔。

他們不僅不戴頭盔，身上穿的鎧甲也很簡潔，甲片減少到了最低限度。主力步兵的甲衣只是護住前胸和後背，而站在最前邊的弩兵部隊身上一個甲片也沒有。

從俑坑裏能看得出來，秦俑都是簡裝，所著的鎧甲防護的面積並不大，屬於輕型的，和我們所了解的當時魏國的重裝部隊正好形成一種明顯的落差。

秦國應該有能力為軍隊配備足夠的鎧甲。歷史記錄顯示，自商鞅變法後，秦國是當時諸侯國中最富有的。《史記》上說，秦「帶甲百萬」。意思是有百萬身披盔甲的軍隊，但那支複製的秦軍卻讓人大感意外。隱藏在這一奇怪現象背後的歷史真相到底是什麼呢？

　　兩千多年前，秦國一位兢兢業業的法律秘書「喜」為人們探索這個謎提供了一個線索。喜曾經三次從軍，他用竹簡記錄了秦軍攻打邢丘時發生在部隊中的兩起案件。

↑ 雲夢縣的喜記錄案件的竹簡　奧戰邢丘城

　　在攻打邢丘的戰鬥中，士兵甲斬首了敵人一個首級。士兵乙企圖殺死士兵甲，據首級為己有，卻被第三個士兵發現，圖謀不軌的士兵乙當場被捉拿歸案。

　　另外，還有幾枚竹簡上說：兩個士兵為了爭搶一個首級也動了手。秦軍在戰場上為對手的一個首級竟要自相殘殺！是什麼驅使他們對敵人的首級如此渴望呢？

↑ 雲夢縣的喜記錄軍功制度的竹簡　冤故妻隸妾

　　秦統一中國前一百三十五年，改革家商鞅為秦國制訂了一套任何別的國家都無法忍受的嚴苛法律。從此以後，整個秦國都嚴格地按照這套法律運轉，它影響了六代秦人，直到秦始皇。

　　商鞅規定：秦國的士兵只要斬獲敵人一個首級，就可以獲得爵位一級、田宅一處和僕人數個。斬殺的首級越多，獲得的爵位就越高。

　　只要打仗打得好就可以授爵，一旦授爵就有一定的土地，有一定的房子，這就可以說整個生活跟打仗掛鉤了。

　　這就是商鞅著名的軍功授爵制度。二千多年後，「喜」抄寫的竹簡又讓人們得以看到這一制度的大量細節。

　　如果一個士兵在戰場上斬獲兩個敵人首

級，他做囚犯的父母就可以立即成爲自由人。如果他的妻子是奴隸，也可以轉爲平民。

對於重視家族傳承的中國人來說，軍功爵是可以傳子的。如果父親戰死疆場，他的功勞可以記在兒子頭上。一人獲得軍功，全家都可以受益。

通過早期秦人貴族使用的食具，我們可以感覺到兩、三千年前，那個按出身和血統的貴賤分配權力和財富的時代存在著明顯的等級差別。

像秦人的軍功授爵這樣給平民甚至奴隸向上攀升的機會，明目張膽地鼓勵國人追逐功利的國家法律，在當時，似乎只有秦人能夠接受。

與貴族食具相比，普通秦人的生活用品顯得簡單寒酸，可以看出加官晉爵對於一個士兵意味著什麼。「喜」的竹簡上說：在軍中，爵位高低不同，每頓吃的飯菜甚至都不一樣。三級爵有精米一斗，醬半升，菜羹一盤。兩級爵位的只能吃粗米，沒有爵位的普通士兵能填飽肚子就不錯了。

在這樣的利益驅使下，士兵們爭搶敵人首級就是可以理解的了。可以想像，在秦軍將士的眼中，敵人的頭顱就是換取地位和財富的等價物。

兩千年前的秦國，想必是一個軍裝閃閃發亮的國度，對於千千萬萬的秦人來說，上戰場不僅是爲國家戰鬥，而且是通向財富和榮譽、擺脫貧困卑微地位的唯一出路。

在中國歷史上，秦人的文化和秉性是獨一無二的，這很可能跟秦人的歷史有關。秦人出身於大西北的草莽之間，與游牧民族混居。在當時文明高度發達的中原國家眼裏，他們是落後野蠻的民族，雖然秦人努力學習中原文明，但他們從未真正接受過中原文明優雅精致、中庸謙讓的倫理道德。在秦人看來，尚武、唯利益而競爭是天經地義的事情。

韓非子是戰國時期的大思想家，他記錄了自己初次接觸秦人的感受。秦人聽說要打仗，就頓足赤膊、急不可待，根本就無所謂生死……

當時一個著名的說客這樣描述戰場上的秦軍：他們光頭赤膊，奮勇向前，六國的軍隊和秦軍相比，就像雞蛋碰石頭……他們左手提著人頭，右胳膊下夾著俘虜，追殺自己的對手……

在說客繪聲繪色的敘述當中，可怕的秦軍令人不寒而慄。

在商鞅的著作中，軍功授爵制度對一支特殊部隊規定了豐厚的獎賞，商鞅稱其為「陷隊之士」。

在兵馬俑坑，有一隊士兵很特別，他們手持白刃格鬥的刺殺類兵器，卻完全不穿鎧甲。在整個地下軍團中，他們的形象顯得十分特殊。這隊士兵究竟是幹什麼的呢？研究人員一直不清楚。一個可能的推測是：戰鬥中有一些極其危險的任務，基本上是有去無回，重賞之下，這些完全不考慮生死的人站了出來。這些士兵很可能就是敢死隊式的陷隊之士。

秦代二十級軍銜制

一級爵 公士
二級爵 上造
三級爵 簪裊
四級爵 不更
五級爵 大夫

六級爵 官大夫
七級爵 公大夫
八級爵 公乘
九級爵 五大夫
十級爵 左庶長

十一級爵 右庶長
十二級爵 左更
十三級爵 中更
十四級爵 右更
十五級爵 少上造

十六級爵 大上造
十七級爵 駟車庶長
十八級爵 大庶長
十九級爵 關內侯
二十級爵 徹侯

「喜」的竹簡上還有這樣的記載：秦軍在戰前和戰後，都要大量飲酒。大碗的酒使血流加快、神經亢奮。作戰命令已經下達，戰爭即將開始。要麼戰死疆場、要麼加官晉爵。在這種時刻，酒使所有的士兵只有一種衝動：奮勇殺敵、建功立業。

研究人員還觀察到了一個奇怪的現象，絕大多數秦軍士兵的腹

部都微微鼓起，這大概與長期喝酒有直接關係。

再來看那些不戴頭盔、護甲不多的秦軍將士，似乎只有一個理由可以解釋這種不顧性命的行為，過於沉重的頭盔和護甲妨礙了他們殺敵晉爵。不僅如此，司馬遷在《史記》中記載：戰場上的秦軍竟然袒胸赤膊，索性連僅有的鎧甲也脫掉了。這些陶土的戰士向後人傳遞的

↑ 分成兩半的虎符

是秦人強烈的尚武精神。秦人有先進和強大的攻擊武器，卻不注重裝甲，這是全軍的規定呢？還是士兵的自覺行為？或許是來自秦人好戰本性的一種上下共識？在沒有確鑿的證據之前，人們還只能進行推測。

商鞅制定的軍功爵位由低到高共有二十級，這不禁讓人聯想到今天的軍銜。使用軍銜是人類軍隊歷史上一個重要的轉捩點，它標誌著軍隊嚴格的等級管理制度的形成。軍銜也是軍人榮譽的標誌。那麼，兩千多年前的秦軍實行軍銜制了嗎？

軍銜必須是可以識別的，仔細觀察這支二千多年前的軍隊，他們的髮式、帽子和裝束都有很大的差異。這種差異跟軍銜會不會有什麼關聯呢？考古學家袁仲一和他的同行們在尋找合理的解釋。

軍團最前面的三排弩兵，身穿便裝，頭髮統一梳成一個上翹的椎髻。一些身著鎧甲的步兵卻將頭髮梳成髮辮，貼在腦後；大量的步兵則戴著麻布做的尖頂圓帽。從他們的位置和排列來看，士兵裝束和髮式的不同，並不是生活習慣差異所致，而是爵位級別的標誌。

秦軍弩兵。弩機是當時最為精準的射擊武器。專家推測，那些梳椎髻、穿便裝的弩兵，很可能擁有一級爵位，他們是爵位最低的公士。身穿鎧甲、梳著髮辮或戴著圓帽的步兵應該是二級爵，他們的名稱是上造。在這個巨大的俑坑中，公士和上造佔了絕大多數，就是這

些普通士兵構成了秦軍的主體。秦軍軍官又是如何劃分級別的呢？在這些縱隊裏，胳膊前伸、手握韁繩的是駕駛戰車的馭手。他們無一例外都戴著板狀的帽子，鎧甲也比普通戰士的精致。馭手的身分很關鍵，直接決定一輛戰車的安全，他們會是軍官嗎？

一個車的駕首頭兒，是誰呢？是馭手，而不是像過去說的車左或車右。參照史書的記載，馭手的爵位至少在三級以上，這是秦軍中最基層的軍官，他們的權利是主管一輛戰車。僅僅一輛戰車還無法構成一個作戰單位，統領整個縱隊的指揮官又是哪一個呢？

有個軍官雙手按劍、氣勢威嚴，帽子的形狀十分獨特。他的鎧甲是所有陶俑中最精致的、甲片細小而規整。前胸和後背都有花結，這種花結的作用很容易使人聯想到現代軍官的肩章。專家考證，這樣的軍官應該是都尉，爵位大致在七、八級左右，他至少掌管一個縱隊。介於都尉和馭手之間的是這些軍官，他們戴的也是板帽，但板帽的中間有一條稜。可能是軍侯一類的基層軍官，負責縱隊所屬的一個分隊。

關於秦軍的內部編制，兵馬俑揭開的謎團只是冰山一角，更多的細節至今仍然無從知曉。在世界軍事史上，秦軍很可能最早建立了比較完備的軍銜體系，它的組織和管理已經很接近今天的軍隊了。這種等級森嚴、井然有序的體制使秦軍的作戰效率要遠高於其他諸侯國的軍隊。

這是一個完整的地下軍團，士兵和軍官各就各位、整裝待發。按照常理，這兒應該有一個最高指揮官，可考古人員發現：俑坑中級別最高的軍官只是一個都尉，都尉大致相當於今天的團長。象徵著秦國軍隊的這個軍團怎麼會沒有統帥呢？

在長平戰場，戰爭已經進入了最為慘烈的階段。四十萬趙

↑ 虎符

軍被秦軍死死圍住，四次突圍均告失敗，斷糧已將近四十多天，傷兵的慘叫和哭聲瀰漫四野，活著的人把傷者殺死吃掉，秦軍的任何風吹草動都會引發驚恐不安。絕望像瘟疫一樣蔓延。這，正是白起所期望的。

可以想像，當年亡命突圍的趙軍，正是撞在了秦軍無堅不摧的軍陣前，這是一架真正的戰爭機器。

萬弩齊發，趙軍一個個倒下。統帥趙括就是在最後一次突圍中被射死。殘餘的士兵驚魂未定時，青銅戈矛組成的方陣已經像一座座城一般壓了過來。絕望的趙軍最終被秦軍徹底摧毀。

兩千多年過去了，當年的激戰早已化為司馬遷筆下簡約的描述：「趙括出銳卒自搏戰，秦軍射殺趙括。括軍敗，率四十萬人降武安君（即白起）。……乃挾詐而盡坑之，遺其小者二百四十人歸趙。前後斬首虜四十五萬人。趙人大震。」

四十萬受盡折磨後向秦軍投降的趙軍，被白起全體活埋。

在古戰場的遺址上，考古學家們發現了成堆的白骨。屍骨的邊上還遺留著士兵們的兵器和隨身攜帶的錢幣。這是古代戰爭史上最為悲慘的一頁。

這場前無古人的大戰，震驚了山東六國。趙國從此一蹶不振，其他諸侯也沒有力量能夠阻擋秦統一中國的步伐。

長平之戰結束後的那一年，一個嬰兒出生了，他就是未來的秦始皇。

西元前二四九年，秦國奪取了拱衛韓國都城新鄭的重鎮成皋（今河南滎陽），韓國已經處於崩潰的邊緣。

當時韓國軍隊的戰鬥力也很強，有「強弓勁弩皆在韓，天下寶劍韓為重」的說法，然而在強秦的進攻下，韓國被真正打爛了。《戰國策》這樣描述當時的情景，韓國到處都有首身分離的屍體，韓國百姓流亡四海，景象十分淒慘。

<5> 鄭國渠：疲秦不成反利秦

這時，歷史出現戲劇性的一幕，面對強敵即將亡國的韓惠王，派出了一個手無寸鐵的水利工程師，這個人擁有的武器只有一張嘴，他要執行的任務是說服秦國興修水利。這個人就是鄭國，在韓國看來，這是危難之際一劑救命的良藥，因爲此時韓國在軍事上同強大的秦國較量就如同以卵擊石，而曾經聯合其他諸侯國共同抗擊秦國的統一戰線又已崩潰。這時韓國

↑ 使用戰車的兵馬俑

↑ 兵馬俑軍陣

拋出了修水渠這樣的計謀，認爲是疲乏秦國、救亡圖存的好辦法。

讓後人感到迷惑的是，是什麼原因讓韓國想到派一個人到他的敵國去進言獻策，並且心甘情願地接受這一暗含殺機的「疲秦計」呢？當時諸侯國軍事上論戰不斷，思想和科技上卻出奇的開明進步。一個貧民出身的文人學士，如果一席話能被國君賞識，就能得到重用。

當時的社會現實是把水利作爲強國之本的思想已經產生，各國還把水利當作關係農業豐收、國家強盛的大事，興修水利成爲國家的一項重要職能。

對秦國來說，興修水利更是一件同大戰相提並論的事情，這就是秦國增強實力的有效措施，也是它統一天下的戰略部署。而秦國的關中平原當時還沒有大型的水利工程，歷史學家分析，作

↑ 將軍俑

為「疲秦之計」，韓國獻給秦國的修水渠計劃，韓國認為最有可能被秦國接受。肩負著拯救韓國命運的鄭國，在咸陽宮見到了秦國的主政者呂不韋，提出了秦國應該修水渠，用涇河水去澆灌關中的建議。

↑ 鄭國雕像

韓國的建議與呂不韋急於為秦國建功立業的想法不謀而合，把韓國賴以救命的「疲秦之計」當成可以使秦國復國強兵實現大統一的一招好棋，於是就在當年，秦國組織力量開始修建鄭國渠。西元前二四六年的涇河邊，成為當時中國最為壯觀的建設工地。根據歷史研究，當時修建鄭國渠的人多達十萬人，而鄭國成為這項大工程的總負責人。

↑ 鄭國渠連通了涇河與渭河

對於當時的諸侯國來說，糧食是決定勝負的關鍵，一場大戰下來，要消耗百萬斤甚至是上千萬斤的糧食。為了獲得在兼併戰爭中所需要的數量巨大的糧食，秦國在向關東六國作戰的同時，十分重視開墾耕種，而對農業來說，水利又是最要命的事情。

↑ 呂不韋像

關中不僅具有發展農業生產的優越條件，還是一個四面有天險扼守的安全之地，黃河從這裏折向東去，同東邊的諸侯國相隔開來，它的南面、北面和西面又有秦嶺、岐山、隴山形成的天然屏障，易守難攻，自古就有「四塞以為國」之說。

↑ 復原的秦國宮殿

秦國順著渭水剛從荒涼的西北高原遷移過來，只有關中這塊平原才是唯一的好地塊，關東六國卻擁有著中原和長江一帶肥沃平坦的

土地。西元前三一六年，秦軍翻過秦嶺，佔據了廣闊的四川盆地，才算是有了第二塊富庶之地。

西元前二五六年，四川郡守李冰在岷江上修建了都江堰，使成都平原變成了水旱從人的天府之國。秦國人也是從都江堰所發揮的效益中，第一次看到了水利對於國家強盛的作用。當時秦軍的主戰場在北方，儘管成都平原有大量的糧食，由於難於上青天的蜀道阻隔了這裏的交通，使成都平原的糧食很難運到關中來，那麼，關中到底是怎樣一塊土地呢？

通過關中水文地理圖，我們可以看到白色的線條表示水系，綠色是平原，褐色是山脈。在涇河與渭河於關中平原交匯的地方，歷史典故「涇渭分明」就來源於此。這兩條河綿延近千里，橫貫關中平原。遠古時候涇河與渭河經常氾濫，給關中帶來大量肥沃的淤泥，因為河流眾多，而且擁塞不通，中國最早的地理書《尚書‧禹貢》稱關中為雍州。

當時關中平原的乾旱時有發生，充足的水資源也沒有很好地利用，關中上好的土地得不到充分的開發，而鄭國提出的引涇河水澆灌關中的建議，正是秦國嚮往已久的事情。

這項工程鄭國又是怎樣設計的呢？鄭國渠巧妙地連通涇河、洛水，取之於水用之於地，又歸之於水，在今天看來，這樣的設計也可謂巧奪天工。鄭國設計的引涇水灌溉工程還充分利用了關中平原西北高、東南低的地勢特點，又在平原上找到一條屋脊一樣的最高線，這樣渠水就能夠由高向低實現自流灌溉。

西元前二三七年，鄭國渠就要完工了，這時候意外的事情出現了，秦國識破了韓國修

↑ 李斯像

↑ 秦咸陽宮模型

建水渠原來是拖垮秦國的一個陰謀，韓國的「疲秦之計」是如何暴露的，至今仍是一個未解的謎團。

接著這個事件又引發了更大的危機，當時已經是秦王親政，呂不韋已經被免職，秦國的舊貴族勢力，借這個事件向秦王建議，驅逐秦國以外的人以保護自己的利益。

在被驅逐的人當中，有一位重要人物，他就是來自楚國上蔡，後來做了秦王朝丞相的李斯，當時李斯已身為秦國朝廷的官員，但仍然在被驅逐之列，李斯寫了一篇《諫逐客書》規勸秦王，文章說如果不能善用人才，就將造成「國無富利之實，秦無疆大之名」，如果非秦者不用，就會使發光的玉器不再裝飾秦的宮殿，犀牛大象的器物不再成為秦的寵物，鄭國和衛國的美女不再招進秦的宮廷。李斯用這樣的比喻來說明秦國要實現統一天下的大業，更需要外來的人才幫助建功立業。

危險之中的鄭國對秦王說，當初韓國派我來是一個「疲秦」的計謀，殺掉我鄭國並沒有什麼，可惜工程半途而廢，這才是秦國真正的損失。

這時，戲劇性的結果出現了，由於關鍵時刻李斯勸諫秦王扭轉乾坤的一筆，不僅使秦國收回了驅逐僑民的決定，也幫助鄭國化險為夷，最重要的是鄭國渠得以繼續修建。

西元前二三六年，鄭國渠工程從戲劇性的開始，一波三折，用了十年時間終於修建成功，這時天下的人們看到了一個新的秦國，鄭國渠和都江堰一南一北遙相呼應，從而使秦國挾持的關中平原和成都平原都贏得了天府之國的美譽。

西元前二三〇年，也就是鄭國渠建成六年後，秦軍直指韓國，此時的關中平原已經變成了秦國大軍的糧倉。此時，「疲秦之計」真正變成了強秦之策，而對韓國卻意味著真正覆滅的開始。

中國歷史上第一次大統一的最後決戰一拉開，拋出「疲秦之計」的韓國就灰飛煙滅了。

<6> 曇花一現秦帝國

西元前二三八年，二十二歲的秦王嬴政開始接掌秦國的大權。嬴政在十三歲的時候繼承了王位，由於年齡太小，國家大事一直控制在太后手裏。在莊嚴的咸陽宮中，爲他加冕的典禮正在進行。這是一種權力交接的儀式，從此，秦國的命運就掌握在這個年輕人手裏。

在皇宮外面，一場蓄謀已久的叛亂卻乘機開始了。一個名嫪毒的人帶著自己的人馬，衝進咸陽宮。他想鋌而走險，奪取權力。

陰謀並沒有得

秦代青銅戈

秦代青銅鐓

武經講義

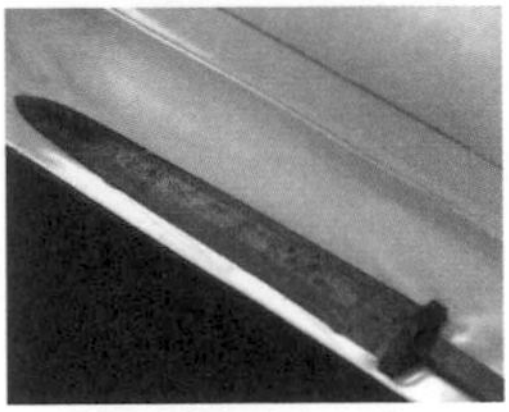

秦代青銅鈹

靈渠部件示意圖

»»» 天·工·開·物 »»»

【硬陶小盒】

一九六二年廣州東郊莊螺崗四號墓出土的一件泥質硬陶儲容器。帶蓋，蓋面微隆起，有平圓立鈕。盒身廣口，唇內斂，圓直腹，下部收斂較大，成小平底。蓋面壓斜形篦紋與雙線弦紋各三周相間；腹壁飾平行密排弦紋。爲廣州地區秦漢墓中所特有，西漢中葉以後不再出現，具有濃厚的地方色彩。

【量】

古代測量容積的工具。銅製或陶製。一般以「斗」、「升」爲計量單位，除此以外還有「釜」、「斛」、「合」、「龠」等。秦代量器多爲橢圓形，帶有單柄，器壁上刻印有統一度量衡的詔書，量制是一斛=十斗=一百升=一千合=二千龠，一升合二百毫升。此制基本爲漢代所繼承沿用。

»»» 中·外·名·人 »»»

■范增

(西元前二七七—西元前二〇四)項羽的主要謀士，被封爲曆陽侯，尊稱爲亞父。他力主除掉劉邦。後來劉邦利用反間計，使項羽不再信任范增。

■阿基米德

(Archimedes，前二八七—前二一二）古希臘偉大的數學家、力學家。力學、流體動力學的創始人。發現槓桿原理、浮力定律。數學上開創了微積分的雛形。被後人譽爲有史以來三個貢獻最大的數學家之一。

逞，叛亂以失敗而告終，嫪毒被處以極刑。司馬
遷記載：這次武裝反叛僅僅斬首了幾百人。圖謀
造反的嫪毒並沒有取得軍隊的支持，參加叛亂的
只是幾千個親信而已，他們很快就被一網打盡。

嫪毒的權勢僅次於國君，位居二十級爵位的
頂峰。司馬遷的描述讓我們知道，秦國大大小小
的事都由嫪毒決定。但是，他始終沒有辦法成功
地調動軍隊，他甚至企圖用國王和太后的印章去
策反軍隊，但印章根本不管用。在秦國，軍隊的
調動大權歸誰呢？

秦國法律規定：除了戰爭時期，調動五十人
以上的軍隊 ，必須持有虎符。虎符被分成兩
半，左邊的歸統兵之將，右邊的由國君掌管，兩
半合攏才能徵調一支軍隊。虎符是軍隊指揮權的
標誌，它使所有的秦軍都控制在國君一人手裏。

可以想像，秦國國君必定有數個虎符。得知
叛亂的消息，秦始皇迅速調集了大批御林軍，乾
淨俐落地鎮壓了反叛。由於無法竊取虎符，謀反
的嫪毒根本得不到軍隊的支持，失敗從一開始就
注定了。

作為秦國軍隊的象徵，兵馬俑只能有一個最
高統帥，那個人就是秦始皇。離兵馬俑坑一公里
左右，偉大的秦始皇就安葬在巨大的土堆下。

自商鞅變法以來，強大的秦軍通過一次次戰
爭消耗東方列強的軍事力量。在一百三十年的時
間裏，秦軍殲滅六國軍隊一百六十多萬。到西元

● 秦代青銅兵器
上的「寺工」
「丞義」「工成」

● 陶俑身上刻畫的
製作人的名字

↑ 廣西省桂林市秦軍城堡遺址

前二三〇年的時候，再也沒有對手能夠與秦軍抗衡，秦王嬴政就此發動了大規模的統一戰爭。

十年統一戰爭期間，六國軍隊的傷亡總數超過了二百萬。這是一個令人震驚的數字。

西元前二二一年，最後的齊國不戰而降，秦軍挺進當時世界上最大的城市臨淄（今山東淄博）。至此，戰國時代結束，秦帝國誕生了。

從崛起於西北高原到一統中國，這支偉大的軍隊經歷了五百五十多年的奮戰。

兩千多年前，秦人的軍隊將中華文明推進到一個史無前例的轉捩點上。然而，在史學家司馬遷的筆下，這支軍隊卻是摧城拔地、殺人如麻。

在消滅了中原六國之後，秦始皇的目光轉向嶺南。還從未有中原的帝王曾經征

服這裏。千百座險峰所組成的迷宮是中原人難以逾越的恐怖地帶，這一次困擾秦軍的是糧草運輸的難題。饑餓的士兵是無法打勝仗的，要征服嶺南，必須先解決糧草運輸的難題，然而，在這無盡的南嶺群山之中，哪裏能夠找到這條運糧的大路呢？

西元前二一九年，在遙遠的南方，今天廣西的桂林一帶，一支秦國軍隊正在這裏駐紮。

在指揮部的營帳裏，秦軍統帥屠睢給遠在咸陽的秦始皇寫信：皇帝陛下，戰事進展順利，嶺南之地不日即可歸附，天下即將一統……

兩年前，中原六國相繼滅亡，黃河和長江一帶已經併入秦國的版圖。但是，南方珠江流域的大片土地仍然飄搖在外。秦始皇一聲令下，五十萬秦軍起程南下，大軍沒有遇到抵抗就迅速推進到桂林。

然而，戰爭的進展開始超出屠睢的意料。頑強的土著人神出鬼沒，他們白天躲藏，晚上出來偷襲秦軍。加上叢林中瘴氣瀰漫，毒蟲遍地， 遠征的秦軍將士疲憊不堪，經常在昏睡中被突然出現的對手殺死。戰爭久拖不決。

最為可怕的事情終於發生了，軍中糧食即將枯竭，饑餓不僅在蠶食秦軍的戰鬥意志，也在摧毀帝國征服南方的野心。

從北方的糧倉到南方前線，秦軍的後勤保障主要依靠陸路運輸，然而，叢林茂密、山高水遠，未開發的南方令秦軍的後勤保障變成一場噩夢。

在越人的一次偷襲中，最高統帥屠睢也被殺死，整個秦軍陷入恐慌當中。

史記記載，秦始皇焦慮萬分，他親自趕往南方，一直到了湘江一帶。秦始皇明白：要結束南方的戰爭，就必須解決軍糧運輸問題。

在今天廣西的興安縣，有一條看起來十分普通的河流。二千年以來，生活在這裏的人在河上行船、用河水灌溉。但是，有多少人知道：這條叫做靈渠的人工運河，是北方船隊由長江進入嶺南的唯一通道。

在那場曠日持久的叢林戰之前，長江和珠江之間沒有河流相通，五十萬秦軍的糧草只能依靠陸路運輸，軍糧根本就無法保障。當秦始皇心急如焚時，一個叫史祿的人提出了一個大膽的建議。

在湘江和灕江之間修一條運河，打通南北兩大水系。船隊從巴蜀一帶的糧倉出發，進入長江的支流湘江，再通過這條運河到達珠江的支流灕江，後勤物資就完全可以用水路送到戰爭前線。

這是一個驚人的創意。當時長江和黃河已經溝通，這意味著，從帝國的都城咸陽上船，就可以直達廣州。但是，秦人面臨著巨大的工程難題。

南嶺是眾多河流的發源地，向北流的河流大多進入長江水系，向南流的河流大多進入珠江水系，在多種連接兩水系方案中秦朝人選擇了湘江與灕江。即使今天看來，這也是最短的連接方法。下面的施工似曾相識，選擇湘江一處開闊水面，建起攔水大壩，開一條渠引水進入灕江這條支

流，然後向南流去，這是南渠。

在另一邊引水向北，曲折一段之後再回到湘江主河道，這是靈渠的北渠。這樣就溝通了湘江和灕江，但我們發現，這並不是最短的連接方法。為什麼要捨近求遠呢？這是因為落差，湘江與灕江的一條小支流的落差有七米，這意味著要建七米以上的大壩。在當時是不可能做到的，秦朝工程師的辦法是，將大壩向上游移，這裏地勢更高些，大壩高度只需兩三米就可以了。這在秦朝是不難做到的，付出的代價，就是增加南北渠的長度。

不僅如此，北渠被開掘成彎彎曲曲的樣子，這無疑更使工程量大大增加。這又是為了什麼呢？落差對於靈渠這條運河來說，至關重要。直線型的渠道施工量小，但落差大。順流而下的船速度難以控制，對於逆流而上的船，上陡坡更是難上加難。如何解決這個難題呢？秦朝工程師將靈渠的南北渠道，開成彎彎曲曲的形狀。雖然工程量加大，但落差減小，水的流速減緩，行船變得很容易控制。在容易使用和容易施工之間，秦人終於找到這個微妙的平衡點。

靈渠，秦朝人進軍嶺南的見證者，今天卻無法告訴我們那段往事。就連它自己，也是個難以解開的謎。這裏的水面下是十幾米厚鬆軟的卵石層，大水不斷的衝擊，會淘空大壩下面的卵石層，大壩也會在轉瞬間崩潰。今天的辦法，是清除這層疏鬆的卵石層，找到十幾米以下堅硬的岩石層。在這一層打入鋼筋，澆築混凝土壩身，建造高達十幾米堅固的大壩。然而，兩千年前秦朝人，是無法這樣築壩的。那麼這座大壩是怎樣建造的呢？在沙石裏面先打下木椿，然後再鋪上松木椿，巨石堤就建在松木椿上。這很像古人蓋房子的方法，松木椿就是頂樑柱。它的另一個重要作用，就是能夠牢牢抓住下面鬆軟的鵝卵石層。或許，這就是大壩能夠歷經千年的原因。

這些石板每塊重達千斤，即便如此在滔滔洪水之下，也會被輕易掀起，只有石板彼此牢固的連接，才能抗衡大水的衝擊。這些巨

石是如何連接的呢？

漫過大壩的江水並未停止衝擊，這些豎插在壩面上的石片，高高低低參差不齊，他們能經得起大水的衝擊嗎？

越壩而過的洪水，被這些石片阻擋之後，速度減緩，減輕對大壩後面河床的衝擊。這座結構獨特的大壩，有著更加獨特的外形，它不是通常一字形大壩，而是人字形。人字形大壩，把撲面而來的江水的正壓力，變爲側壓力。人字形長短邊長之比是3：7。江水也按這個比例被分開：水滿時，恰好使得南北渠兩邊水量一致，都是1.5米深。這是一座滾水壩，只抬高一定水位，多餘的水越壩而過，經過湘江故道之後，與北渠水匯合向北流去。爲了保護大壩，在它前面加築一個分水石堤，攔水分流洩洪。設計者將這三項功能，完美地結合在一起，它的成功一直持續兩千多年。

有人曾粗略估算過，靈渠的工程量，如果挖掘一條齊腰深的壕溝，從北京到上海一千多公里，這大致相當於靈渠的工作量。靈渠的建造前後用了四年時間。

從咸陽出發，由漢水秦軍順流而下到達長江邊的武漢，取道湘江，逆流而上到達南嶺深處的靈渠，走南渠、下灕江而後下西江，進入珠江到達廣州。

靈渠建成後，糧食運輸暢通無阻。第二年，秦軍就平定了土著人的反抗，帝國的疆域一直拓展到了南海之濱。

平定了南方之後，匈奴人就成了秦軍最後一個對手。北方草原上的這個游牧民族對中原文明一直是一個巨大的威脅，當秦軍在南方奮戰的時候，匈奴人越過了陰山腳下的黃河，直接威脅秦帝國的都城咸陽。

西元前二一五年，大將軍蒙恬揮師北上，秉承秦始皇的旨意，去解決匈奴問題。但是，三十萬強悍的秦軍並沒有立即與匈奴騎兵決戰，而是停在了年久失修的長城邊上。

春秋戰國時期，為了抵禦匈奴人的侵犯，北方的秦、趙、燕三國都陸續在邊界上修築過長城。在甘肅省臨洮縣的古長城就是在秦始皇之前一百多年的秦昭王所修。從秦長城向東北，經過一大片未設防的黃土溝壑後，就是已經滅亡的趙國曾經經營了幾百年的長城。這條長城時斷時續，早已破敗不堪。達北部邊疆以後，三十萬秦軍的任務就是維修、改造破舊的長城。

↑ 靈渠

秦軍和匈奴人周旋了幾百年，蒙恬家族幾代人都是秦國的戰將，他應該非常了解與匈奴作戰的艱難。

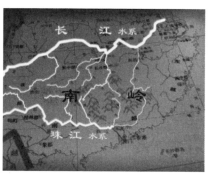

↑ 嶺南水系地圖

匈奴是游牧部落，他們居無定所，往來如風。不知什麼時候，會突然聚集成一支兇狠的軍隊，轉瞬間，又變成散落天邊的牧民。匈奴人是游擊戰的高手，如果秦軍倉促出擊，匈奴騎兵會避開鋒芒，繞到別處大肆搶掠，甚至兇猛攻擊秦軍的後方。而秦軍勞師遠征，尋求決戰而不得，曠日持久將

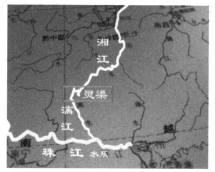

↑ 靈渠位置地圖

⬆ 秦始皇

無法忍受。

在這種情況下，蒙恬選擇了修築長城戰略。秦軍修建的長城，並不只是一堵牆而已。長城不僅用於防禦，蒙恬改造過的長城是一個可以進攻的體系。

長城的首要作用是預警，那些最高處的烽火臺就是瞭望哨，為了提前預警，有些烽火臺甚至遠遠突出於長城之外。

在長城沿線，秦軍修建了許多由堅固城牆圍起的小城，這裏是戍邊軍民的居所，也是長城工事上的戰鬥支撐點。

在離開長城有一定距離的後方，秦軍又修築了屯軍要塞，這些要塞既能夠容納眾多的軍隊，又可以囤積大量後勤物資。在出擊匈奴時，就成了大部隊的前進基地，也是長城防線的戰略縱深。有了這套體系，部隊就避免了無依無靠的野戰。

一年多以後，蒙恬大軍基本上完成了長城的維修和改造，與匈奴騎兵開戰的時機到了。

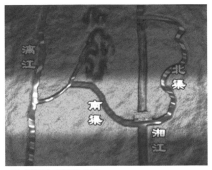

↑ 靈渠之南渠與北渠

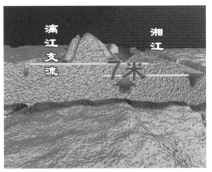

↑ 靈渠 最短的連接方法落差示意圖

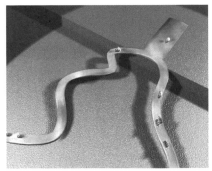

↑ 彎彎曲曲的河道示意圖

　　以長城爲依託，裝備先進的秦軍只用了一年，就打敗了匈奴鐵騎，匈奴人退到了大漠深處。

　　深切體會到長城戰略價值的秦始皇，從此開始大規模地修建長城。秦帝國從內地徵發了一百萬人，沿著五千米長的北部邊疆，展開了史無前例的國防工程。施工多在蠻荒偏遠之地，《史記》記載，民夫的屍骨塡平了溝壑。

　　西起臨洮，東至遼東，一條萬餘里的長城橫貫帝國的北方，秦人締造了人類有史以來最爲巨大的軍事工程。

　　在反擊匈奴的戰爭中，儘管有長城的依託，秦人仍然在後勤保障方面付出了慘重的代價。專家推測：平定南方的戰事耗盡了巴蜀的糧倉，而關中平原保障都城的糧食是不能調用的，因此，供應北方軍隊的糧草主要來自於山東半島。從那裏到北方草原，直線距離一千多公里，運糧的隊伍要兩次穿越太行山，至少三次渡過黃河。

　　史書上記載：從出發地到目的地，平均每消耗一百九十二石糧食才能剩下一石供應軍隊。

　　爲了向前線輸送糧草，成千上萬的民夫死在了路上。然而，草原深處的匈奴人並沒有消失，他們隨時可能會再次南下。攻打匈奴的戰爭，後勤運輸之艱難，很可能令秦始皇印象深刻。作爲帝國的決策者，他必須徹底解決這個問題。

　　秦帝國滅亡後一百年，史學家司馬遷遊歷到了中國的北疆。這個偉大的學者被一條鋪設在崇山峻嶺之上的大路深深地震撼了。他在《史記》中這樣描述：「直

🔺 靈渠之彎彎曲曲的河道

道通衢，塹山堙谷」。司馬遷看到的是一條開山堙谷的筆直大道。

這就是秦始皇的徹底解決方案：秦直道，兩千多年前的軍用高速公路。

在陝西省北部的大山中，直道的遺跡依舊清晰可見。

直道所過之處，地勢險惡、人跡至今罕至，但它劈山堙谷，甚至越過海拔一千八百米的子午嶺而不迴避。二千多年後，淒淒黃草下時隱時現的古道，仍舊讓人感受到秦人的意志。

道路的修築實際上就是在山上夯築的，用黃土夯築，夯的非常結實。現代人都難以想像。

由於夯築得十分結實，直道上樹木至今也無法成活，只有那些生命力頑強的野草能夠在表面生長，在某些地段，汽車仍然可以行駛。

從帝國的都城咸陽開始，直道綿延向北，一直通到大漠深處的九原，全長七百多公里。

它令人驚訝的程度絕不亞於長城。

在內蒙古包頭市的西邊，有一座古城遺址，它就是直道最北端的終點，秦九原城。

當年的九原是帝國北疆的軍事重鎮。軍需物資從這裏再分發到帝國北部修建和守衛長城的軍民手中。

七百多公里長的直道，為秦帝國迅速投放部隊、及時輸送糧草，提供了最為有力的保障。北部邊疆一旦有事，專家估計：騎兵

↑ 靈渠大壩下面的松木層

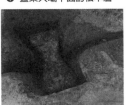
↑ 鎖緊石頭的欽碼子

↑ 魚鱗石

↑ 甘肅省臨洮縣秦長城遺址

部隊三天三夜就可以從咸陽趕到九原，中央政府在一周之內就能夠基本完成從軍隊調動到後勤供應等一系列的準備工作。

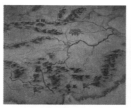
↑ 運送軍糧的水路線路地圖

↑ 烽火臺

　　直道是一條名副其實的軍用高速公路，二千多年前，這是只有秦人才能修造的軍事工程。

↑ 戍邊軍民的居所

↑ 內蒙古包頭市秦九原城遺址

　　在今天陝西通往四川的國道兩側，岩石上有一些規則的小洞十分醒目。兩千多年前，這些洞裏插著圓木或石條，上邊凌空鋪著木板，這就是著名的秦棧道。修造在絕壁上的棧道，曾經穿越幾百公里的秦嶺山脈。

　　秦人有修路的傳統，但秦始皇是集大成者。在秦帝國統一前後，以都城咸陽為中心，秦人建立了那個時代世界上最發達的交通網絡。這個新興的大帝國控制的領土面積，是它的前人做夢都想不到的。這些四通八達的道路為南征北戰的秦軍提供了強有力的支撐。

　　毫無疑問，秦人是修路的天才。道路和車輛是互相依存的，當年，奔馳在這些道路上的除了趕赴前線的部隊，就是運送

>>> 天·工·開·物 >>>

【璽印】
　　也稱「印章」、「圖章」。古代官私書信往來和相互交往的憑證，也是一種書法、雕刻和冶鑄相結合的工藝美術品。秦以前官私印均稱「璽」，而秦代只有皇帝的印稱「璽」，官吏和一般人的印稱「印」。多用於列印封泥，以作信驗。

時隱時現的古道

後勤給養的車輛，秦人的車輛製造技術又如何呢？可惜，秦始皇兵馬俑坑中的木製戰車已經朽爛，無法告訴我們更多的技術細節。

一九八〇年，在兵馬俑面世四年之後，考古工作者又有了驚人的發現。在秦始皇陵的邊上，發現了一個七、八米深的大坑，其中有八匹破裂的銅馬和大量車輛附件，兩名駕車的馭手栩栩如生。

經過考古人員的辛勤努力，殘破的銅車馬終於恢復了原貌。

根據秦始皇生前的御用車輛仿製的兩輛青銅車，除了大小是真車的一半之外，它們在結構和形制上跟真車一模一樣。青銅車的車輪做得十分考究，三十根密集的輻條，分散了車身重量對輪圈的壓力，使得輪子既輕快又結實。

從側面看，輻條靠近車轂的地方明顯加寬，為的是加強輪子橫向受力的強度，很像今天的自行車輪。

車轂的加工複雜性令人印象深刻，它只有兩端和車軸接觸，而中間卻是一個鼓腹的空腔。

秦車的繫駕方式令人驚訝，在西方，一直到西元八世紀，皮帶都勒在馬的喉部。高速奔跑的馬經常窒息而死。秦車的繫駕方式就完全不一樣。

實驗顯示：用西方的繫駕方式，兩匹馬只能拉0.5噸的重量；用中國的繫駕方式，兩匹可以拉1.5噸的重量。

從仿製出來的青銅車來看，秦國的車輛設計和製造技術已經相當發達。車輛製造技術的完善不可能是一朝一夕就能實現的，秦人為什麼在這個領域會遙遙領先呢？

秦人的祖先居住在西北的黃土高原。一九九三年，在甘肅省禮

縣發現了一個巨大的墓葬,墓主人是秦國早期的一個貴族。

墳墓裏出土了大量的陪葬品,但出土的青銅車馬器令人印象深刻。複雜的繫駕繩索套管,精致的馬頭飾,車輪鎖和制動裝置都給人留下深刻印象。然而,在所有的陪葬品中,那個車輛模型最令人驚訝,這是已知中國有四輪車的最早證據,將近三千年了,它仍舊能夠行駛自如。

迄今世界上最早的雙轅車模型,也是在秦人墓葬中出土的。與人類文明早期的單轅車相比,雙轅車只需一個牲口駕轅,繫駕大為簡化,也更容易駕馭,雙轅車是車輛製造史上的一次革命。由於所出土的雙轅車模型的主人是一個普通秦人,專家推斷,雙轅車很可能已經在秦國普及。

秦人是一個對車輛極度迷戀的民族。不管是貴族或者平民,活著的時候以駕車為樂,死了也要帶上車輛陪葬。這或許可以解釋,秦軍的後勤運輸為什麼表現得是那樣超凡出眾。

世界歷史上,只有極少數的時代、極少

↟ 一號銅車馬 一號銅車通長225釐米,高152釐米,轅長183.4釐米,輿廣74釐米,進深48.5釐米

>>> 天·工·開·物 >>>

【封泥】

中國古代封緘簡牘並加蓋有印章的泥塊,也稱「泥封」、「藝泥」。產生於春秋末年,秦代盛行。古代傳遞公文或書信的木牘為兩片,下牘稱函,用以書信,上牘稱檢,上刻捆繩的溝槽和置封泥的方孔,合上後以繩將兩片木牘捆縛起來,並用濕泥塊將繩結蓋住,再用印章捺上印文。若簡較多,可將簡放在絹囊內,口上用繩繫住,加檢封緘,此時所用之簡只有一片木牘,中間凹下,以便繩封蓋印。唐以後消失。

⬆ **二號銅車馬** 二號車通長317釐米，高106.2釐米，轅長246釐米，車輿分前後兩部分，通長124釐米

數的人有機會站在歷史的轉捩點上，創造歷史。秦人一系列重大的軍事工程、覆蓋全國的道路網路、製作精良的車輛，這些輝煌的成就共同塑造了一支強大的秦軍，而秦軍，創造了歷史。

西元前二一〇年，秦始皇死在了出巡的路上。

西元前二〇九年，胡亥繼承了大秦帝國皇位，史稱秦二世。為了能讓秦始皇儘快下葬，胡亥下令把正在修建阿房宮的七十萬民夫調到了秦始皇陵的工地，以加快工程進度。隨後，秦始皇被安葬在了前後修建達三十九年的陵墓中。

⬆ **子午嶺上的秦直道**

⬆ **秦九原城遺址**

⤊ 二號銅車馬御手

　　史書上說，秦始皇的陵墓擁有空前的規模，皇陵地宮的陪葬極其奢華，地宮中到底埋葬著什麼？這是從古至今人們都在關心的問題。因而歷代史書中也有對秦陵地宮的神秘記載。

　　《史記·秦始皇本紀》上說，秦陵地宮挖得很深，直到地下水層，用銅液澆灌，並塗以丹漆，上面再放棺槨。地宮中有文武大臣的位次，並有大量的珍寶器皿，珍禽異獸。地宮門上置有弩機暗器，以防盜掘。墓室頂上繪有天文星宿圖像，地面則仿真山岳九州的地形，又灌注大量的水銀做成江河大海，以機械動力使之川流不

息。用娃娃魚脂肪做成的蠟燭能燃燒很長的時間。

可是，至今為止，沒有人知道秦始皇陵的地宮是否真的像《史記》中所描述的那樣。秦始皇陵就帶著這個神秘在地下沉睡了兩千多年。

西元前二四七年，十三歲的嬴政繼承了王位，也就是從這時起他便開始了自己陵寢的修建。史書上說，秦國首都咸陽是「揮汗如雨」、「吐氣成雲」的超級巨城。在這座城東的驪山腳下，駐有七十萬工匠。他們在為秦帝國的第一位皇帝修建史無前例的巨大陵墓。秦始皇陵是按照當年視死如視生的禮制，仿照咸陽都城的布局建造的。秦始皇這位不甘心退出歷史的皇帝，要把自己生前擁有的一切都帶入地下。

歷經三十九年建成的秦始皇陵規模宏大、氣勢磅礴，是保存至今中國最大的帝王陵墓之一。史書上記載，「陵高五十餘丈，周回五里有餘」，就是高約為一百二十米，周長二千米。高大的陵塚雖經兩千多年的風雨剝蝕和人為破壞，降低到了七十六米，但它仍舊是中國古代歷代帝王陵墓之首。而根據考古專家的勘察，秦始皇陵總面積達五十多平方公里。

↑ 一號銅車馬御手

關於秦始皇陵的建造有很多謎。比如說，如此巨大的陵墓在最初到底有沒有設計藍圖。史書上記載，秦始皇命丞相李斯驅使刑徒七十餘萬人修築陵墓，「始皇初即位，穿治酈山，及併天下，天下徒送之旨七十餘萬人，穿三泉，下銅而致槨，宮觀奇器珍怪徒臧滿之」。可見秦始皇陵的修建是按照設計

圖樣施工的。

　　但是在施工過程中碰到實際困難時，也會及時調整和修改。有記載，由於陵墓挖掘太深，遇到了堅硬如鐵的地方再也無法掘動。丞相李斯不敢擅自更改原來的設計，於是奏表請示，始皇回答：「其旁行三百丈乃止。」由此可見，整個工程藍圖的設計是在秦始皇親自授意下進行的。

　　那麼，又是誰主持了秦始皇陵的建造工程呢？僅僅是李斯一人嗎？由丞相主持修建王陵是戰國以來的通例。秦始皇在位時期的丞相先後有呂不韋和李斯等六人。有理由相信，他們都先後主持過修陵工程。由於呂不韋和李斯任職時間最長，所以，他

↑ 秦直道地圖

↑ 秦棧道遺址

↑ 秦國發達的交通網絡示意圖

↑ 繫馬方式

們是最為重要的兩位人物。

當年修建陵墓的人到底有多少呢？統一前秦國只有數百萬人口，除婦女、兒童、老弱病殘和出征的戰士，最初用於修陵的人頂多數萬人。統一後，修陵的人數急劇膨脹，文獻上籠統地說是七十多萬人，《史記‧秦始皇本紀》上說是七十餘萬人被分為兩組，一組修阿房宮，一組修建始皇陵。可見，修陵的人數通常只有三、四十萬人。秦始皇死後，為了提高工程進度，把修建阿房宮的人調來，這才有了七十多萬人。這雖然是頂峰時期的人數，但當時全國的總人口不過千餘萬人，僅修陵的人就佔到了全部總人口十分之一。可見，當年的工程量是多麼的浩大！

↑ 青銅駕馬人

秦始皇陵究竟有多深？《史記‧秦始皇本紀》上說是「穿三泉」。《漢書》說是「已深已極」、「深極不可入」。有人認為，秦陵地宮不淺也不深。書中提到的「三泉」只是個形容詞，就像人們常說的「九泉之下」一樣。根據《呂氏春秋》記載：「淺則狐狸揚之，深則及於水泉」，即皇陵最深達到地下水，因為古代要在地下水以下施工實在太困難了。而且若地宮位於地下水位之下，地下水的長期滲透作用，定會使水浸入地宮之內。秦始皇本人和秦陵的設計者是不能不考慮這點的。

↑ 甘肅省禮縣秦貴族大墓遺址

↑ 《呂氏春秋》

而且，據史書上說，在始皇靈柩安放完畢後，通往墓穴的通道被幾道石門所封閉，

↑ 青銅馬頭飾

為了保密，修建陵墓的工匠被封在了兩道石門之間，沒有一個能夠活著出來。這表明，始皇陵裏的石門的確有好幾道，工匠只能被關閉在墓穴核心以外的兩道石門之間，而最後一道石

↑ 秦陵全景

門的背後才是秦始皇棺槨置放地。

整個地宮究竟有多大呢？從目前考古工作者鑽探出的地宮宮牆來看，宮牆南北長四百六十米，東西寬三百九十二米，牆體高和厚各四米，其頂部距地表深2.7米至四米，採用未經焙燒的磚坯建成，面積為2.5萬平方米，這樣大的地宮簡直超出了人們的想像。

地宮頂部的形狀是什麼樣呢？有人認為是採用穹頂狀，也有人認為不是。這麼大的面積怎樣封頂的確是一個大問題。因為當時的跨度問題是難以解決的。不要說在二千年前，就是在今天要解決地宮跨度問題仍然很艱難。

↑ 青銅制動裝置

陵墓中的秦始皇身著什麼呢？史書上記載，他「披以珠玉，飾以翡翠」。

到目前為止，在秦始皇陵陵園周圍，已經發現了陪葬坑、陪葬墓近六百座，它們比較密集地分布在大約兩平方

↑ 青銅四輪車模型

公里範圍內。這些陪葬坑、陪葬墓像一座座豐富的地下文物寶庫，隨著考古工作的不斷深入，二千年來，寂靜安詳的秦陵猶如顯影照片，逐漸還原著歷史的本來面目。這些年不斷的發現，一次次地震撼著考古人員的心靈。

內城之中出土的銅車馬爲帝王出巡所用，百戲俑如同娛樂場，內外城之間的珍禽異獸坑就好比宮廷苑囿，而遠離宮廷的兵馬俑正是保衛京都的近衛軍。秦始皇陵在地下的建築不僅僅是一個陵墓，而是大秦帝國的在地下的縮影。考古人員認爲，已經挖掘的陪葬品只是秦陵的一部分，估計出土的秦陵文物還不及地下埋葬的十分之一。

⬆ 世界上最早的雙轅車模型

西元前二二一年秦始皇統一六國，創建了中國歷史上第一個空前統一的中央集權的封建王朝，與至高無上的皇權相適應，也開創了中國封建帝王埋葬規則和陵園布局的先例。一九七四年，當人們第一次發現兵馬俑時，有誰能夠想到秦陵考古成爲以後歲月裏極爲重要的考古課題呢？

⬆ 陪葬坑

巨大的秦始皇陵已經在關中這片黃土地中存在了二千多年，秦陵本身也承載了太多的內容，而關於皇陵的傳說和故事也遠遠沒有結束。

⬆ 秦咸陽宮遺址

《史記》中還有這樣的記載，秦始皇在這座巨大的陵墓之上建立了一座城池。它有高達十數丈的圍牆和可供萬人上朝所

⬆ 秦瓦當

用的宮殿。這座城池遠離咸陽城，近靠秦
陵，是一片規模罕見的地面建築群。但
是，這座傳說中的宏偉建築卻因戰火的蔓
延而未能保存下來。

　　秦統一中國，是中國歷史的一個轉捩
點，但也是秦滅亡的起點。秦帝國僅僅維
持了十五年。那支曾經戰無不勝的軍隊就
隨著帝國大廈的倒塌而灰飛煙滅。在大廈
將傾的時候，秦軍戰鬥過，但它的戰鬥力
與十五年前相比，已是天壤之別。

　　秦軍最後的日子起於幾乎所有中國人
都熟知的那段歷史。那是一個大雨滂沱的
夜晚，九百名徵集去戍邊的壯丁，因為大
雨耽誤了行期，按照秦法，誤期當斬，於
是，他們揭竿而起，各地民眾立即回應，
起義如乾柴烈火蔓延到帝國的各個角落。

　　在起義者即將踏進咸陽的時候，奮起
抵擋的並不是帝國的正規軍，而是一支由
囚犯拼湊而成的部隊。在秦始皇下葬以
後，規模浩大的地下陵墓仍然沒有完工，
幾十萬囚犯一直在忙碌善後。刻在那些陶
片上的人名，就是他們曾經勞作的見證。

　　當起義軍離秦始皇陵不到十里的時
候，即位的秦二世赦免了這些囚犯，命令
他們拿起武器，鎮壓反叛。問題在於，秦
軍的主力部隊在哪兒呢？

　　秦統一以後，軍隊有過兩次最大的集

【甑】
　　古代炊器。始見於新石器
時代。戰國以前的陶甑為實用
器，秦以後有灶配套的明器。
器物形狀外觀似盆或罐，但器
底有多個圓形、長方形或不規
則形的小孔，有的在近底部的
外壁上也有孔。使用時置於
鬲、釜、鼎的上面，蒸食物
用。

【弩機】
　　弩是古代利用機械力量射
箭的弓。弩機是弩的機件，置
於弩的臂末。構件有：鉤弦的
「牙」，牙上的瞄準器「望
山」，牙下的扳機「懸刀」。三
者鑄成一體，用穿軸固於機身
「郭」內。發射時扳動懸刀，
牙向下縮，將所鉤住的弦彈
出，箭就被發射出去。弩機最
早見於春秋晚期，秦時盛行。

結。在廣西桂林附近有一個叫
嚴關的要塞，五十萬秦軍曾從
這裏南下，與土著人作戰。當
起義突然爆發的時候，這部分
秦軍正在戍守剛剛平定的南部
疆土。在帝國存亡的關頭，他
們選擇了沉默。司馬遷記載，
當地的最高長官下令，堵塞南
北之間所有的通道，軍隊嚴禁
北上作戰。南部秦軍就這樣徹
底拋棄了自己親手創建的大帝
國。

⬆ 廣西桂林的嚴關要塞

　　秦軍的另一支主力在帝國
的北疆。打敗了匈奴騎兵以
後，三十萬精銳並沒有南撤，
而是鎮守在長城沿線。當都城
告急的時候，這支秦軍開始南
下。但是，沒有人確切地知
道，它的行動為什麼異常遲
緩。

⬆ 陝西省咸陽市秦阿房宮遺址

　　保衛都城的任務只能託付
給那支由囚犯臨時組成的秦
軍。出人意料的是，這支軍隊
體現出了異乎尋常的戰鬥力，
他們用了很短的時間就擊潰了
幾十萬農民起義軍，滿目瘡痍
的帝國似乎看到了希望。然

⬆ 秦詔版

而，一個來自於楚地的貴族改變了一切，這個人叫項羽。

在今天河北省一個叫鉅鹿的地方，最後的兩支秦軍終於會合了。誰也沒有想到，這次會合就是他們的結局。秦軍與項羽的軍隊在鉅鹿決戰，在楚人難以置信的勇氣面前，幾十萬秦軍在戰場上倒下，剩下的全部投降，秦軍至此徹底覆滅。

一支偉大軍隊的結局竟然如此令人沮喪，歷經五百年沒有衰竭過的戰鬥意志轉瞬間土崩瓦解，這樣的事實仍舊令人難以置信。

秦帝國的橫空出世和頃刻間灰飛煙滅的命運，似乎是被一種無法抗拒的力量所主宰，這個深藏不露的力量同樣決定了這支軍隊的沉浮。

在中國歷史上，秦文化是獨一無二的。秦人功利實用、滿懷開拓和進取精神。他們崇拜規則和秩序，相信武力可以解決一切問題。或許，這種文化傳統在秦人發跡之前就決定了日後的崛起，同時也埋下了覆滅的種子。

是秦始皇將這支軍隊帶到了輝煌的頂峰，但是，這個帝王超越了時代的野心耗盡了帝國的國力。無論如何，一支軍隊的命運是緊緊依附在它的國家之上的。在秦軍最後的日子裏，帝國的秩序已經崩潰。當士兵們在前方拼殺時，他們的家人已經無人來養活，秦朝覆滅的命運不可逆轉。

讓我們再一次將目光凝視到那些二千多年前的軍人身上，他們曾經造就了當時世界上最龐大的帝國，也造就了我們的歷史。今天，我們使用著的文字來自於秦人，我們廣袤的國土是秦帝國的延續，我們統一的中華民族在秦帝國時期開始形成。

二千多年前的那個大秦帝國，仍然和我們血脈相連。

第二章 兩漢三國

　　「鴻溝」、「鴻門宴」、「明修棧道，暗渡陳倉」、「項莊舞劍，意在沛公」、「十面埋伏」、「四面楚歌」、「霸王別姬」，這些耳熟能詳的成語及典故，都是出於於兩千二百年前的那場決定中國歷史走向的大戰──「楚漢之爭」。

<1> 鴻門之宴劉項鬥

　　孫武當年沒有學姜太公毀掉戰船，切斷退路的做法。而三百年後的楚霸王項羽，卻在渡漳河攻擊秦軍時，破釜沉舟，這一仗項羽以不足一萬人的兵力，擊敗了有三十萬之眾的秦軍。各路諸侯將領前來拜見他時，無不跪倒在地，不敢抬頭仰視，從此項羽的名聲威震天下。

↑ 鴻門宴圖

　　項羽出身於楚國貴族，當年看到秦始皇南巡，那宏偉華麗的儀仗時，曾豪邁地說，這有什麼，我可取而代之。而在人群中，另有一人則羨慕地說，一個人就應該活得像秦始皇一樣。這後一個說話的人就是劉邦，後來成為大漢帝國的開國皇帝。大秦帝國滅亡之後，共同的敵人沒有了，決雌雄、定天下的戰爭又拉開了帷幕，失意的項羽率領四十萬大軍，準備攻打只有十萬人馬的劉邦。就在這萬分危急的時

↑ 陝西臨潼鴻門宴遺址

↑ 陝西漢中古漢台遺址

刻，中國歷史上最著名、最富於戲劇性的一次宴會，即鴻門宴發生了。

這是一次殺氣騰騰的宴會，與會者的心思早已不在酒肉之上，老謀深算的劉邦清楚地知道，自己目前還遠不是項羽的對

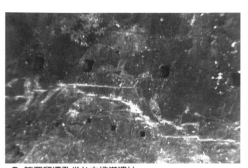
⬆ 陝西留壩孔雀台古棧道遺址

手，因此在宴會上卑躬屈膝，使項羽的自尊心得到了滿足。終於使范增設置的利用碰杯之機，殺死劉邦的計謀泡了湯。僅五年後，項羽便爲自己在這次宴會上的失誤，付出了生命的代價，鴻門宴也因爲這段傳奇的故事，而成爲中國文化中一個獨特的名詞。

得意的項羽，自稱西楚霸王，宣布天下罷兵，衣錦還鄉去了。劉邦被改封爲漢王，率領兵馬沿著川谷棧道，退往漢中。據說今天漢中市的古漢台，就是當年劉邦的王府，他所處的地勢，是全漢中市最高的地方，但劉邦根本就沒有滿足於每天坐在這裏，俯瞰漢中的臣民，而是秣馬厲兵，志在爭奪江山，成爲新的帝王。在古代，由於條件所限，人們還不具備大規模開山闢路的能力，因此解決山區的道路問題，多採用沿山谷修築木製棧道。劉邦當時沿著這樣的道路，退向漢中時，採用張良的計策，所過之後就將棧道燒毀，用以迷惑項羽，表示自己無意東歸。其實還有另外一層用意，防止項羽派兵追殺。

》》》 中·外·名·人 》》》

■劉邦
（約前二五六或前二四七—前一九五）即漢高祖，西漢王朝的建立者。西元前二〇二年楚漢之爭戰勝項羽，建漢朝。在位期間，以秦律爲依據，制《漢律》九章。

■儒略·凱撒
（Julius Caesar，西元前一百—前四十四）著名的羅馬軍事和政治領袖。前五十八年凱撒征服高盧。實行儒略曆，即現今大多數國家通用的陽曆的前身。著有《高盧戰記》。

這樣的地形，一旦失去了棧道，人們也就只能望山興歎了。也難怪項羽當年放心地領兵東去，毫無後顧之憂，然而孫武講的「攻其無備，出其不意」，卻恰恰成為許多著名軍事將領的拿手好戲。中國人在下棋時，常引用一句成語叫做「明修棧道，暗渡陳倉」，它實際上就是指當年劉邦打回關中時採用的計策。

<2> 明修棧道說韓信

粗心的項羽，以為把守住了漢中通往關中的交通要道，就萬無一失了，但卻沒有想到劉邦總是高他一籌。漢軍明裏虛張聲勢地整修已被燒毀修也修不完的棧道，以至於關中的楚軍守將，在那裏坐等劉邦自投羅網。然而，暗地裏漢軍主力卻沿著一條山間小路——陳倉道，悄悄地直逼關中，中國古代軍事史上精采的一幕正在悄悄上演。這齣戲劇的導演者，並不是劉邦本人，而是一名因鑽過別人褲襠，被人瞧不起的青年軍官—— 韓信。

⬆ 張良設計火燒棧道圖

有一條小河在全國地圖上是查不到的，然而就是這樣一條小河，因兩千多年前擋住了一名逃跑的軍官，而在歷史上出了名。據說當年退到漢中的將士，因懷念家鄉而不斷有人逃跑，身為丞相的蕭何，

⬆ 阻擋韓信的河　陝西留壩馬道街寒溪河

⬆ 陝西漢中拜將壇遺址

對此不管不問，而當聽說韓信也跑了，他卻連夜策馬親自追趕，這一點連最信任他的劉邦，都不能理解。傳說是因為當時下雨河水暴漲，擋住了韓信，蕭何月下追韓信，才得以圓滿成功。俗話說得好，千軍易得，一將難求，深通「人才學」的蕭何心裏明白，他追回的不是韓信，而是大漢王朝的百年江山。

⬆ 鴻溝遺址

⬆ 安徽靈壁縣垓下古戰場遺址

⬆ 安徽和縣霸王祠

蕭何追回韓信後，再次向劉邦推薦，劉邦雖不認識韓信，卻信任蕭何。史書上記載，有著大氣魄的劉邦，擇吉日，築將壇，在目瞪口呆的三軍將士面前，對韓信行拜將大禮，將受過胯下之辱的韓信，一下子送上了大將軍的寶座。

韓信一篇奪取項羽天下的總戰略策劃書——《漢中對》，令劉邦驚喜交加，相見恨晚，從此，漢軍就依據韓信的計謀，「明修

>>> 天·工·開·物 >>>

【周髀算經】

　　中國流傳至今的一部最早的數學與天文學著作。按所提出的宇宙模式的不同，中國古代的天文學共有三家學說，「蓋天說」是其中之一，而《周髀算經》是「蓋天說」的代表。這派學說主張：天像蓋笠，地法覆盆（天空如斗笠，大地像翻扣的盆）。據考證，現傳本《周髀算經》大約成書於西漢時期（西元前一世紀）。南宋時的傳刻本（嘉定六年，一二一三）是目前傳世的最早刻本，收藏於上海圖書館。歷代許多數學家都曾為此書作注，其中最著名的是唐李淳風等人所作的注。《周髀算經》還曾傳入朝鮮和日本，在那裏也有不少翻刻注釋本行世。從所包含的數學內容來看，書中主要講述了學習數學的方法、用畢氏定理來計算高深遠近和比較複雜的分數計算等。

>>> 中·外·名·人 >>>

■王莽

　　（前四十五—後二十三）新朝建立者。西元八年稱帝，改國號為新。改革土地制度、官制、幣制，引發經濟危機和貴族反對。後被席捲全國的起義軍推翻並殺死。

■屋大維

　　（Octavianus，前六十三—後四十一）羅馬帝國的奠基人，即奧古斯都（Auguetus）。他結束了西元前一世紀間使羅馬共和國陷入混亂的內戰，重新組建羅馬政府，國家出現長達兩個世紀之久的太平盛世。

棧道，暗渡陳倉」，一步一步地走向了逐鹿中原的廣闊戰場。

↑ 項羽雕像

史學家評價，使劉邦在中原會戰中取得勝利的是軍師張良的智慧。把智慧變成現實作戰力並加以發揮的則是大將軍韓信。這兩個人原先卻都是項羽的手下。在殘酷的戰爭中，劉邦以敏銳的目光首先爭得了政治上、軍事上的傑出人才。

西元前二○六年八月，劉邦、韓信率軍暗渡陳倉，進軍關中，平定三秦。老謀深算的劉邦，從此牢牢佔據了關中地區，並以此為依託，屢屢出兵，與項羽周旋。各路英雄連橫合縱，此消彼長，在混亂中逐漸形成了楚漢兩家相峙相爭的形勢。劉邦雖屢戰屢敗，但進退有據，項羽似無往不勝，卻疲於應付，逐漸失去了主動權。

<3> 垓下之戰項羽敗

↑ 「無為」匾額

西元前二○三年，被打得疲憊不堪的項羽，提出了和平停戰方案，和劉邦訂立盟約。多年的戰爭，在此形成二人中分天下，鴻溝以西歸漢，以東歸楚的局面。從此，中國語言中，又多了一個既可形容具體、又可形容抽象障礙的辭彙——「鴻溝」。這一點可以從中國象棋的棋盤上，找到例證。

在經過五年的較量之後，號稱天下無敵的項羽，被他不屑一顧

的劉邦圍困在垓下，歷史走到這裏，出現了戲劇性的轉彎。當年在關中對壘時，項羽四十萬兵馬對劉邦

↑ 漢長樂萬斛銅量

十萬，而今天，則是劉邦四十萬兵馬，對項羽十萬。垓下一戰，在中國歷史上留下了千古傳奇。後人用「虎落平陽被犬欺」來形容此時的項羽。在戰爭藝術方面，看似昏頭昏腦的劉邦，更勝他一籌。在最後的這場大決戰中，劉邦再一次把常勝將軍韓信，調到正面擔任先鋒，而韓信也再一次展示了他傑出的軍事才能，導演了楚漢戰爭中最輝煌的勝利。他先用誘敵深入的計策，擊潰了楚軍主力。後將猶做困獸之鬥的項羽之軍，圍得鐵桶一般。楚軍兵困糧絕，走投無路。漢軍則四面高唱楚歌，用心理戰瓦解了楚軍最後的鬥志。一齣霸王別姬，給後人留下說不完的話題，武將

↑ 劉邦

感慨，文人歎息。人們愛把項羽比作一位叱咤風雲的英雄，然而英雄連自己最愛的人都無力保護的時候，便是英雄的悲劇開始的時候。

↑ 馬王堆出土的文物

全軍覆沒的項羽，走到了寒風瑟瑟的烏江邊，也走到了他生命的盡頭，他自殺而死。劉邦曾經下令，得項羽屍體者，即有重賞，他的屍體轉眼被瓜分，以致後來留在人間的僅是一座空墓。在中國民間，人們一貫認爲，勝者王侯敗者寇，然而在歷史上，項羽卻被看作是雖敗猶榮的英雄，人們爲他建立了祭祀的祠堂，據說僅次於帝王祠堂一百間的規格，而建了九十九間半，這是因爲項羽雖功高業偉，但終未成帝業，所以少建半間。

一生叱咤風雲的項羽，功敗垂成成爲悲劇，然而最大的悲劇，卻是他至死也不明白他失敗的原因。他不懂當年轟轟烈烈的功績爲什麼會轉瞬間灰飛煙滅。從來沒讓他看得起的劉邦爲什麼會功成偉業，清代詩人盧潤九替他感歎道，「帝業方看垂手成，何來四面楚歌聲。興亡瞬間同兒戲，從此英雄不願生」。烏江邊的項羽，在向自己舉起利劍的時候，是否想起了五年前的鴻門宴，人們永遠也難以知道。但史書上記載了這時的項羽，仰天悲歎，是上天要他滅亡，而不是他自己的過錯。僅此可以看出，力拔山兮氣蓋世的項羽，敗在劉邦手下也就不足爲奇了。

<4> 漢初的「無爲」而治

北京紫禁城的交泰殿裏，有一塊反映漢初治國方略的匾額，上面書寫的是「無爲」兩個字。所謂無爲，是指不要有所作爲，要一

⬆ 演奏音樂的墓俑

⬆ 素紗蟬衣

⬆ 馬王堆帛畫

⬆ 徐州漢墓的衛生間

⬆ 獅子山漢墓出土的金縷玉衣

⬆ 漢代兵馬俑

⬆ 馬王堆出土的文物

切順其自然。這是基於老莊思想的政治理念。第一個運用無為的理念來治理國家的是漢王朝，目的是讓人民休養生息。在劉邦成為皇帝的時候，中國剛剛結束了連年的戰亂，國土荒蕪，人民流離失所，因而，無為而治的治國方略是符合實際的。

漢長樂萬斛銅量，是漢代製作的度量衡標準器，與秦量不同，周圍沒有皇帝的詔書。劉邦認為，作為國家第一個要做的，就是減少中央對地方的控制，穩妥地運用法律。農民出身的劉邦，以如何安定人民的生

≫≫≫ 天·工·開·物 ≫≫≫

【勝之書】

中國第一部農業科學著作，成書於漢代。作者勝之曾被朝廷遣往關中管理農業生產，他總結了該地區農業種植技術和經驗，寫就該書。此書原名《勝之》，《漢書·藝文志》著錄為十八篇；《隋書·經籍志》始稱為《勝之書》。原書約在北宋初期亡佚，現存的《勝之書》是從《齊民要術》等一些古書中摘錄的原文輯集而成，約三千五百字。內容有耕田法、溲種法、穗選法、區田法，以及禾、黍、麥、稻、稗、大豆、小豆、（纖維用大麻）、麻（子實用大麻）、瓜、瓠（葫蘆）、芋、桑等十三種作物的栽培技術，豐富實用。

活爲中心制定了政策。遣返士兵和流
民,並分配給他們土地。劉邦開始了國
力恢復的進程,這是重視民心的政治。

⬆ 漢代文物

<5> 氣勢恢宏漢帝國

　　西漢王朝離我們太久遠了,所幸的
是,有豐富的考古資料來幫助我們了解
這個氣勢恢弘的強大帝國。

　　一九七二年在長沙市的郊外,發現
了一位生活在西漢時期的婦女的墓葬,
即馬王堆漢墓。墓葬中,出土了大量的

⬆ 漢代文物

漆器、絲織品等隨葬器物,在棺槨中,二千一百年前埋葬的墓主人
的屍體,完整地保存到了今天。出土時,皮膚還有彈性,關節可以
活動。墓主人是當地侯利倉的妻子。她身高一百五十四釐米,死時
的年齡大約爲五十歲。屍體放置在多重的棺槨之中,棺槨上用漆繪
有鮮豔的圖案。屍體的周圍,有一千二百餘件隨葬品,其中有演奏
音樂的墓俑、食具、銅鏡,以及包括玩具在內的各種生活用品。認
眞地觀看這些出土的文物,二千一百年前的生活場景就會重現在人
們眼前。素紗蟬衣,是用細絲製成的衣服。這件衣服,包括衣領在
內,只有四十九克重,被稱之爲薄如蟬翼。馬王堆的這位婦人,也
許是將它穿在各種絢麗的綾羅錦緞外面的,當清風吹動衣衫時,各
種綾羅綢緞的紋樣將會展現出一種夢幻般的美麗,應該說這是一件
巧奪天工的衣服。馬王堆出土的隨葬品中,也有描繪死後世界的文

↑ 馬王堆出土的文物

↑ 多重棺槨

物，它是在絹帛上繪製的畫，被稱爲帛
畫。帛畫描繪了三個世界：最上面的部分
是天上的世界，中間是地上的世界，最下
面描繪的是地下的世界。漢代與秦代相
比，人們的思想很少受到束縛，畫工充分
發揮了想像力，繪成這幅帛畫。

　　西漢開國皇帝劉邦的老家是江蘇徐州
沛縣，在這裏的原野上，散落著上千座大
小漢墓。自漢高祖劉邦的弟弟劉交成爲楚
王之日起，十二代楚王都在這裏修建了工
程浩大的陵墓，他們利用徐州周圍多山的

【種瓝法】
　　漢代關中地區老農因把瓝種得又
大又好而聞名的一套成功經驗。挖坑鬆
土後深施肥，每坑撒種十粒，待其抽
苗至二尺餘長時將苗蔓攏成一束以布條
捆紮約五寸，外用泥土封好。數日後所
封處便長在一起，掐除九棵留餘最茁壯
的一株，以十棵瓝根所吸養料供給一條
莖的生長，故所結果實碩大。又因其怕
旱不耐澇，在瓝坑四周挖出小水溝，讓
水慢慢滲透，使土壤保持適量濕度，故
果實大且水靈。此法爲人們依據需要改
變植物的生長狀況開啓了新思路，對後世
的果木嫁接、培育新種等農技產生了積極
影響。

【區田法】
　　漢代北方黃土地帶耕種旱作物的
有效方法。根據作物的不同，將耕地
分成大小不等、深淺不一的區，區間
培出土埂，以便集中施肥、澆水，可
作到深翻、保摘，既節約勞動量，又
便於管理。金代明昌七年（一一九
六），今山西南部曾遭大旱，官府推行
該法以使百姓得度災荒。小農經濟條
件下，這也不失爲一種因地制宜的科
學方法。此法今於北方山區仍被保
留，園藝中則更多見。

■董仲舒
　　（前一七九—前一○四）西
漢思想家、政治家、今文經學大
師。漢武帝時建議「罷黜百家，
獨尊儒術」，被採納。對先秦儒
家思想進行了理論概括和神學改
造。

■西塞羅
　　（Cicero Marius Tullius，前一
○六—前四十三）古羅馬哲學
家、政治家。在導致羅馬共和國
滅亡的內爭中，他徒勞地維護共
和制度，但作爲羅馬最偉大的演
說家則名垂史冊。

特性，把自己的歸宿地設計成了鑿山而成的石室墓，逐漸地，徐州漢墓形成了易山爲陵、鑿山爲墓的特色。爲了能永遠地安靜地躺在精心建造的地下宮殿中，漢王的陵墓，都是用重達幾噸的巨大石塊，與外界隔絕開來。

徐州漢墓，不僅規模龐大，而且具有很高的建築水準。在龜山漢墓中，兩條平行筆直的墓道，長五十六米，平均誤差不超過五毫米，誤差率僅爲萬分之一。徐州漢墓的另一個特點，是墓室的布局，基本沿襲了墓主生前的住宅樣式。走進徐州北洞山漢墓，我們幾乎

⬆ 王莽像

⬆ 劉秀像

⬆ 沂南漢墓

⬆ 沂南漢墓畫像石　出行圖

⬆ 沂南漢墓畫像石　宴樂圖

⬆ 沂南漢墓畫像石　宴樂圖上的雜技表演部分

⬆ 沂南漢墓畫像石　裝飾在牆上的騎馬兵團 1

⬆ 沂南漢墓畫像石　裝飾在牆上的騎馬兵團 2

被裏面曲折複雜，功能齊備的墓室所迷住，這裏有二十六個大小房間，面積達五百七十平方米。位於主墓室旁邊的衛生間，設施完備。除了材質上與現代的衛生間不同外，其他的功能一應俱全，甚至還加上了一個扶手。在陵墓建造時，正廳的牆壁上，塗滿了朱砂，並繪上了精致的圖案，雖然朱砂已經褪去，但是我們仍然可以想像得到，這樣精致的房間，通體朱紅是何等的威嚴與華麗。在陵墓的房間中，大都擺有主人生前喜歡的各種物品，經過歷朝歷代的盜掘，大部分的漢墓只剩下了很少的東西，僥倖留下來的陪葬品成了稀世珍寶。在這些漢墓中，徐州獅子山漢墓則是文物保存比較完好的一個，被列入一九九五年中國十大考古發現之首，所出土的文物尤其以精美絕倫的金器和玉器為最。

近年來，考古工作者從徐州漢墓中出土了大量珍貴文物。這些文物使人們看到了漢代社會、經濟、文化、科技等各個方面所達到的水準。

一九九〇年，在西安市郊外漢代陵區的一角，出土了大量兵馬俑，到目前為止，已經發掘了二千個以上，這是第一次發現漢代皇帝的隨葬兵馬俑，其意義僅次於秦始皇兵馬俑的發現。這個地下軍團是

保衛漢代第四代皇帝漢景帝陵寢的，皮製的盔甲和木製的臂膀等已經朽爛，僅留下陶製的裸身。兵馬俑的高度是六十三釐米，僅及秦始皇兵馬俑的三分之一。與秦兵馬俑最大的不同是，漢兵馬俑面部的表情十分柔和，沒有野心和緊張的感覺。這是一個平穩的時代，在兵馬俑的士兵當中，有的面部還充滿著笑容。春秋戰國的動亂，秦王的暴政，劉邦、項羽的拼殺，農民兒子登基的那個激動的時代結束了。

從所出土的俑的臉上，可以感受到，生活在史稱「文景之治」盛世的人們心中的那種安詳與和平。

漢王朝在國力充實的背景下，開始了改革。漢代的第四代皇帝漢武帝，放棄了無爲的治國方略，像秦始皇一樣，加強了中央集權制，進而採用了對國家統治秩序有用的思想學說，即以對皇帝的忠和對父母的孝爲中心的儒家學說。

\<6\> 漢武帝與絲綢之路

早在羅馬人尋找中國之前的一百多年，坐鎮長安的漢武帝，開始實施他向西方開拓的戰略，長安由此成爲絲綢之路的起點。匈奴當時是西漢政府的強大對手，漢武帝聽說河西走廊上的大月氏人，被匈奴趕出家園，於是想和大月氏結盟來夾擊匈奴，派張騫率領一個探險隊，於西元前一三八年，出使西域。張騫出使西域，他發現西域很多的國家出產葡萄、石榴等特殊瓜果，用苜蓿餵養名馬。如果和他們建立聯盟，可以削弱匈奴的力量，他的報告引起漢武帝的高度重視。

↑ 西域名馬塑像

↑ 漢代雜技遊戲俑人

為了獲得西域名馬，也嚮往西域的奇珍異寶，漢武帝在西元前一一九年，派張騫再次出使西域。他率領西漢政府使團所走的道路，就是今天被普遍承認的絲綢之路，中國的絲綢，就是沿著沙

>>> 天・工・開・物 >>>

【蔡侯紙】
　　蔡倫認真總結了前人經驗，認為擴大造紙原料的來源，改進造紙技術，提高紙張品質，可使紙張為大家接受。他首先使用樹皮造紙，樹皮是比麻類豐富得多的原料，這可使紙的產量大幅度的提高。樹皮中所含的木素、果膠、蛋白質遠比麻類高，因此樹皮的脫膠、製漿要比麻類難度大。這就促使蔡倫改進造紙的技術。西漢時利用石灰水製漿，東漢時改用草木灰水製漿，草木灰水有較大的鹼性，有利於提高紙漿的品質。

【渾天說】
　　東漢天文學家張衡所提出的主張。他認為天猶如一個雞蛋，地如雞蛋中的蛋黃那樣居於中心，天地各乘氣而立，載水而浮。雖主張天有一個硬殼，卻又認為「宇之表無極，宙之端無窮」，即天外有天，宇宙無限。同時提出了具有樸素辯證法思想的天地起源說，認為天地未分之前，一片混沌，後來元氣各自分開，天地生成，萬物滋育。比當時流行的天圓地方的蓋天說要進步。

>>> 中・外・名・人 >>>

■霍去病
　　（前一四○—前一一七）西漢名將、軍事家。他是西漢名將衛青的外甥，曾隨衛青伐匈奴，戰功卓著，被封為冠軍侯。常言「匈奴未滅，無以家為」。

■西庇阿・阿米利安努斯
　　（Scipio Aemilanus，前一八五—前一二九）即小西庇阿。大西庇阿的養子。古羅馬將軍。率軍在前一四七—一四六年攻破迦太基城，滅之，從而終結第三次布匿戰爭。

漠旅途，源源不斷地送往歐洲。張騫的鑿空（意即開通道路）之行，標誌著絲綢之路的正式開通。古代中國第一次由一個封閉的國家，變成了東亞地區的中心和世界強國，並使古代中國第一次真正開始走向世界。

隨著絲綢之路的開闢，漢代的長安迎來了第一個文化交流的高潮，西方的奇禽異獸，珍花異木，紛紛傳到長安城。西域的音樂、舞蹈更使人耳目一新。經安息（今伊朗）等地，羅馬的雜技藝術，也傳到中國，這些技藝多具有波斯風格，又有羅馬人的角鬥表演特徵，這些民間遊戲，極大地豐富了漢代長安人的社會生活。特別是對輸入的植物新品種，漢王朝採取了十分主動、積極的態度。對此美國東方學家拉菲爾，給予了高度的評價，他說，中國人的經濟政策，有遠大眼光，採納許多有用的外國植物，以爲己用，並把它們併入自己完整的農業體系中去，這是值得欽佩的。他們是令人熟思、通世達理、心胸開闊的民族，向來樂於接受外人所提供的好事物。在植物經濟方面，他們是世界上的權威。中國還有一個獨特之處，就是宇宙間一切有用的植物，都有栽培。

通過絲綢之路，中國漢王朝在向世界各國展示自己的燦爛文明和創造力的同時，也以恢弘的胸襟和開放的氣度，大量引進域外的各種物質文明和精神文明的優秀成果，極大地促進了漢代的繁榮，並使中國古代文化，進入了開放性與多元化的輝煌時期。

漢武帝使西漢帝國得以強大繁榮，但是連年不斷的對外戰爭，使人力物力消耗嚴重，徭役頻繁，社會矛盾開始嚴重。武帝之後，雖然有過相對平靜的時期，但西漢王朝已經衰落了。西漢末年，土地兼併和政治黑暗愈演愈烈，社會進入動盪時代。

<7> 東漢豪強主政治

西元九年，外戚王莽代漢自立，改國號為「新」，這個「新」政權，存在了僅十六年。西元二十五年，西漢皇族劉秀定都洛陽，東漢開始步入歷史舞臺。豪強地主在東漢勢力十分強大，他們過著奢華的生活。

考古工作者挖掘出了像琅邪王氏那樣的，名門豪族的豪華生活的墓葬，即東漢末期級別最高的沂南漢墓，墓葬分前室、中室和後室。在墓室的東西兩側，還有五個側室。全部八個墓室的總面積為八十八平方米，是一座十分壯觀的大墓。墓室的牆上，砌有各種各樣的畫像石，其中有一幅「出行圖」，墓主人乘坐馬車，帶著許多隨從，正在出行。在當時，馬車的形制，車上傘的顏色，包括隨從的人數，都根據主人的身分，有明確的規定。最後面的馬車是主人的，出行的規模是貴族們身分高低的證明。

《宴樂圖》是描繪宴會情景的。在宴席上，除了樂舞，還演出各種各樣的雜技節目，當時所表演的雜技也是在繩索上進行的。

從這些畫像中，人們可以看出，當時

【水運渾象】
東漢天文學家張衡總結了前人的渾天理論，創制了世界上第一個能夠精確地演示渾天思想的「渾天儀」——水運渾象（類似於現在的天球儀）。它是與渾儀相似但功能不同的渾天儀。用水力作為動力通過齒輪系統推動渾象本體一天旋轉一周，渾象上所顯示的星的出沒與實際天象完全相符。它對渾天說的廣泛傳播產生了積極的影響。南朝的劉宋、梁朝的陶宏景、隋朝的耿詢等都曾製造過，但從記載上看，都沒有超過張衡的創造。直到唐代的高僧一行和梁令瓚創制的水運渾象才又有了新的發展。

■李廣
（？—前一一九）西漢將軍。以驍騎將軍出擊匈奴，匈奴畏服，譽其為「飛將軍」，數年未敢進犯。李廣歷任七郡太守，前後四十餘戰，畢生七十餘戰，阻止匈奴南侵，功勞極大。

■斯巴達克斯
（Spartacus，？—前七十一）古羅馬奴隸起義領袖。色雷斯人。前七十三年領導起義，沉重打擊了奴隸主的統治，加速了羅馬共和國的滅亡。

豪族們奢侈的生活情景。但是，這種生活並沒有維持多久。當時的北方游牧民族，乘動亂之機攻打過來。此時，不止是朝廷的軍隊，豪族們也組織起來進行抗戰。裝飾在墓牆深處的「騎馬軍團」圖就表現了這一主題，表現了人們手持斧頭等武器進行抗擊的情景。騎馬射箭的騎馬軍團，具有快速機動的優勢。在與北方游牧民族的反覆不斷的戰爭中，東漢政權遭到削弱並最終崩潰了。

<8> 三國鼎立說曹操

　　西元二世紀是在戰亂中結束的，歷史邁入了戰爭更加激烈的三國時代。曹操是中國歷史上很有爭議的歷史人物，以至於他死後一千七百多年，才終獲平反，史學家吳晗稱他為當時最偉大的軍事家、第一流的政治家、第一流的詩人，並不為過。史載曹操自幼聰明好學，尤其愛讀兵書，家鄉裏盛傳他年輕時，就「能明古學」。在今天的河北臨漳，還有當年曹操修的著名的三台

↑ **金鳳台**　鄴城三台指金鳳台、銅雀台、冰井台，位於鄴城遺址內的三台村。其建築精美，風格獨特，金鳳台在三台村西，原名金虎台，是三台最南邊的一座，為東漢建安十八年（西元二一三年）曹操所建。據史書記載，台高八丈，有屋一百三十五間。現存的金鳳台夯土遺址比較完整，南北長一百二十二米，東西寬七十米，高十二米表演部分

遺址。傳說三台富麗堂皇，堪稱當時一絕。可惜如今只存有金鳳台的一角，其他則早已多成荒草萋萋的遺地。相傳台與台之間，有相連的台橋。

歷史上記載，曹操特別注重總結用兵的經驗教訓，有用兵如神的讚譽，在東漢末年的數十家割據勢力中，他憑藉雄才大略，運用分化瓦解、各個擊破的策略，相繼擊敗張繡，擒殺呂布，困死袁術，趕走劉備，消滅袁紹，統一了大半個中國。這是與他博覽群書、喜好兵法分不開的。

曹操是一位多才多藝的政治家，但很少有人注意他的書法。在陝西漢中褒河的石崖上，刻有他形容河水激浪翻濺的「袞雪」二字。據說當時有人問，為什麼袞字沒有三點水旁，他回答說這裏多水，還用我寫水旁嗎。後人有詩讚曰，「滾滾飛濤雪作窩，勢如天上瀉銀河。浪花並作筆花舞，魏武精神萬頃波」。

建安五年，曹操率領只有三、四萬的軍隊，與統兵十萬的北方豪強袁紹決戰，他先以聲東擊西的戰法，挫袁軍銳氣，繼而回師官渡，親率五千騎兵組成

的快速部隊，乘黑夜奇襲袁紹設於烏巢的後勤基地，一把火燒完了全部屯糧，並乘袁軍動搖之時，發起攻擊，大敗袁紹於官渡，一舉奠定了統一中原的基礎。官渡之戰，從此作為以少勝多的典型範例，寫入中國戰爭史冊。

↑ 曹操像

然而歷史總是有很多巧合，八年後曹操重演

↑ 曹操書寫的「袞雪」石刻

了這一幕，只不過這一次他變成了敗軍之將。

西元二〇八年，曹操統一北方之後，開始了他統一全國的行動。荊州劉琮的投降，使得劉備措手不及，只得棄新野，走襄陽，敗奔江陵。曹操率領五千精銳騎兵，迅猛追擊，在當陽長阪坡，擊潰逃亡中的劉備軍隊。這一仗充分體現了兵法中速戰速決的特點。劉備被打得妻死子散，自己也差點兒被俘，要不是大將趙子龍拼死相救，恐怕也不會有以後三國鼎立的局面。

　　東吳大將周瑜，不僅是一個長相英俊的才子，更是一個精通兵法的軍事家。曹操兵逼東吳，孫權手下一片投降之聲，唯有周瑜在殿堂上妙算曹軍的五大弱點，促使孫權堅定抗曹。相傳周瑜苦於當時的季節沒有東風行火攻之計，卻被藉以探病爲由的諸葛亮一語道破。周瑜設反間計，定苦肉計，施聯歡計，孫劉方面一個一個地積蓄有利條件，彌補不足，所以說曹軍敗北的過程，實際上早已開始。等到江上火起，兵敗如山倒時，只不過是給這場驚心動魄的軍事鬥爭，劃了一個圓滿的句號。

　　「折戟沉沙鐵未銷，自將磨洗認前朝。東風不與周郎便，銅雀春深鎖二喬」。唐代詩人杜牧的一首絕句，爲轟轟烈烈的赤壁大戰做了注解。歷代不知有多少文人墨客歌詠它，並將它演繹爲富有傳奇色彩的故事廣爲流傳。

　　荊州在中國歷史上是伴隨著成語廣爲流傳，是幾乎人人知曉的一方土地。提起三國離不開荊州，提起荊州，又離不開三國，這是因爲西元二〇七年的這段中國歷史。荊州由於地處扼守長江的咽喉，所以成爲當時想在長江流域謀求控制的魏蜀吳三方的必爭之地，古稱用武之國。曹

⬆ 河南中牟官渡古戰場地圖

操率軍南下，兵鋒首先對向這裏。赤壁大戰之後，劉備回荊州，建立了自己的根據地。而原來的盟友孫權，則千方百計想奪回這一東吳的門戶。這時已退回中原地區的曹操，坐山觀虎鬥，極力誘使東吳襲擊蜀軍奪取荊州，以外交挑唆，使計用謀代替了出兵征戰，終於瓦解了蜀吳聯盟。西元二一

⬆ 湖北當陽長阪坡古戰場

⬆ 湖北蒲圻長江赤壁古戰場

九年，東吳孫權趁荊州守將關羽率軍攻打樊城之機，派大將呂蒙率軍偷襲了荊州，史傳關羽「大意失荊州」。

關羽身亡之後，劉備為報兄弟結義之仇，起「傾國之兵」，浩浩蕩蕩，沿長江而下討伐孫權，這一舉動從一開始就犯了孫武早已指出的錯誤，「主不可以怒而行師，將不可以慍而致戰」的兵家大忌。身為一國之主的劉備，自己也不會想到，這一仗他把幾十萬蜀

軍將士送上了絕路。初戰階段，蜀軍在報仇雪恥的高昂士氣下，長驅直入吳國腹地五、六百里，東吳面臨著被蜀魏兩面夾擊的危險。這時的孫權，並沒有硬著頭皮充好漢，而將老祖宗孫武告誡他的用兵上策，「鬥智謀、巧外交」做了最充分的發揮。他首先向劉備做出重大讓步，上表求和，以求重修舊好，孤立曹魏。可惜的是讓這時已昏了頭的劉備拒絕了，孫權立即不顧群臣反對向魏寫表稱臣，仲出了屈尊求援之手，從而避免了兩面作戰的被動境地，使三角鬥爭的力量達到了平衡。古人講，識時務者為俊傑，真正的戰略家因善於計謀，而常常「笑在最後」。蜀軍壓境，吳軍大將陸遜堅守避戰。從春天到夏天，與蜀軍相持了近半年的時間，蜀軍將士想打找不著對手，為避天熱都將營寨移到山林之中，俗話說將無權難以成功，兵無機難以稱雄，陸遜手握軍權，終於等來了火攻戰機，一把火燒完了蜀軍連綿七百里的營寨，彞陵之戰，以東吳軍隊大獲全勝而告終。

位於長江邊上的四川奉節白帝城，因彞陵戰敗氣病而亡的蜀國皇帝，在此

⬆ 周瑜像

⬆ 諸葛亮像

托孤而聞名。史書記載，劉備感到自己來日不多，把文臣武將及自
己的兩個兒子叫到床前，立下遺囑，特別對諸葛亮說，自己的兒子
如果有治國之才，就拜託多幫助他們，如果沒有，那麼這個國家就
交給你了。實際上，把蜀國的大權移交給了諸葛亮，從此諸葛亮從
幕後走到了幕前，在艱難時刻，正式擔當起了治理蜀國的重任。

↑ 四川奉節白帝城

↑ 荊州古城牆

當時的時代，給了諸葛亮一個充分展示其智慧的舞臺。西元二二八年，諸葛亮為了擺脫蜀國因國力弱小而造成的被動局面，在穩定了東吳、開闢了西南大後方之後，開始出兵攻打當時力量最強大的魏

>>> 天・工・開・物 >>>

【傷寒雜病論】

　　中醫臨床奠基著作，東漢末張仲景撰。約成書於西元三世紀初，十六卷。該書是作者經歷東漢建安年間傷寒時疫大流行後，勤求古訓、博採眾方，結合自己的診治經驗編撰而成，熔醫經與醫方於一爐，庶可見病知原。原書曾散佚，後經西晉王叔和搜集整理，流傳至今。其中論傷寒部分經王氏編次為《傷寒論》十卷。另有《金匱玉函方》三卷本，其後二卷為治雜病部分，經宋人整理成《金匱要略》行世。《傷寒論》載方一百一十三首，《金匱要略》載方二百六十二首，法度嚴謹，後世崇為眾方之祖。

105

⬆ 祁山堡

國，這就是後來歷史上記載的五出祁山之戰。在長達八年的北伐戰爭中，諸葛亮採取的是以攻為守的策略，但是在當時三國形勢穩定，任何一方都無力滅掉另一國的情況下，諸葛亮雖盡到了主觀努力，但也沒有實現其最終的目的。諸葛亮的北伐，沒有取得成功的一個重要原因，是他碰到了一個善於用兵、變化若神的司馬懿。蜀軍的遠征使士兵疲勞，糧草困難。諸葛亮便急於打速決戰，而司馬懿看清了對手的這一弱點，運用持久戰堅不出兵，是他採取的置諸葛亮死地的軍事策略之一。在這一點上，他明顯高出一籌。

　　五丈原因諸葛亮而揚名，諸葛亮因五丈原而遺恨。這裏是諸葛亮六出祁山，也是最後一次北伐戰役中，率軍與司馬懿兩軍對壘的古戰場，也就是在這裏，司馬懿甘願受辱而不動聲色，兩軍在渭水河邊對峙了一百多天，諸葛亮欲戰不能，欲罷不可，在極度的精神壓力下，終於像被他活活氣死的周瑜一樣，於西元二三四年，病死在五丈原軍中。

⬆ **陝西岐山五丈原**　五丈原位於岐山縣城南約二十公里,南靠秦嶺,北臨渭水,東西皆深溝,形勢險要,是古代軍事家行軍布陣的好地方。三國時期蜀丞相諸葛亮率軍出師伐魏,由漢中出發,取道斜谷,穿越秦嶺,進駐五丈原

現實與想像總是有很大的差距。中國的百姓早已把諸葛亮看成是智慧的化身。也許正是由於他們不願意接受這樣的結局,才在民間傳說中創作了「死諸葛嚇退活仲達」的演義故事,用豐富的想像,給諸葛亮最後一次展示自己才華的機會。

第三章 金縷玉衣

<1> 陵山施工意外發現

　　一九六八年五月，河北省滿城縣西南1.5公里處的陵山上，解放軍某部奉上級的命令，正在這裏進行國防施工，具體的任務是在陵山的頂部，打一條戰備通道。

　　當時正處於文化大革命的非常時期，爲了使工程如期完成，這項國防工程，是在絕對保密的條件下進行的。誰也沒有想到，就是這次施工，無意間揭開了一個千古之謎。

　　戰士們施工的這座山，海拔只有二百多米，它西望太行群峰，東臨華北平原，因其形如落鳳，最早也叫鳳凰山。

　　傳說，古代有一個君王，一天登上鳳凰山，看見主峰居中，兩峰左右相撫，認爲此地風水奇佳，便對隨從說，「在我百年之後，要葬於此山」。此後，鳳凰山開始大興土木，那位君王死後，便葬在

⊙ **陵山**　海拔只有兩百多米的陵山，西望太行群峰，東臨華北平原，因其形如鳳凰，也叫鳳凰山

↑ 跑馬道

這裏，鳳凰山從此更名爲陵山。

陵山是不是因國君的陵墓而得名，人們只能引述傳說，不過陵山東南，確實有個守陵村。村裏人說，他們的祖輩是爲王后守靈的，這種說法已在村裏流傳了上千年，至於是爲誰守陵，陵墓何在，隨著歲月的流逝，村裏人已無人知曉。與附近其他山峰不同的是，從陵山的山腳到山上，有一條人工開鑿的山道，當地人稱它爲跑馬道。跑馬道也是戰士們每天上山施工的必經之路。當地村民說，這條跑馬道修築的時間，比守陵村還要早。

這條跑馬道，到底是用來做什麼的呢？

　　據《滿城縣誌略》記載，陵山上有齊順王陵，但是這些記載，都因沒有確切的根據，而無從考證。

　　陵山上，究竟有沒有帝王的陵墓？如果有，又會是誰的陵墓呢？

　　國防工程如期地向前推進。五月二十三日，當戰士們在距離山頂三十米，一個朝東的地帶打眼放炮時，一件意想不到的事情發生了。

　　爆炸聲過後，並沒有像往常一樣崩下來多少石頭。這種奇怪的現象，引起了戰士們的好奇，他們決定去看個究竟，就在這時，一名走在前面的戰士，雙腳突然失去支撐，身體隨著碎石渣猛然沉了下去。等他完全反應過來時，一個漆黑的洞口出現在他的眼前。

　　黑洞之下，會有些什麼呢？

　　王秉讓，時任施工部隊的團長。

　　王秉讓：一看底下是個黑洞子，很大的黑洞子，當時戰士們組織了一下，就拿繩子放下一個人，　下去看了看，看了看也不知道是什麼。就知道是大黑洞，很大。

　　隨後又有幾名戰士下到洞裏繼續搜尋，這次他們發現了大量動物的殘骸，以及一些陶器、銅器，有的戰士認為，可能挖到了地下廟。

　　王秉讓：為什麼人們說是一個地下廟呢？因為陵山上面的山頂

⬆ 在發掘現場發現的大酒缸

上，原來是一個廟，但是年代太久了，廟就沒有了，但是廟的支柱地基還在，為什麼他們不說別的，只說是個地下廟，就是從上面那個殘存的廟的遺跡來分析判斷的。

儘管拿不準洞中的這些器物，到底是用來做什麼的，但是戰士們已經意識到，這個洞非同一般，他們隱隱約約感到，炸出來的這個洞，如果不是地下廟，很有可能是一座古墓。

幾天以後，一份標有絕密字樣的報告和洞中出土的部分器物，出現在河北省主要領導的辦公桌上。報告裏說，滿城發現了一座古墓。當時雖然是文革期間，但滿城發現古墓的消息，還是引起了河北省主要領導的重視，隨即派出了河北省文物工作隊的兩位專家，先期抵達滿城進行初步勘察。

鄭紹宗，河北省文物研究所研究員，是最先到達滿城古墓現場的兩位專家之一。

鄭紹宗：我們是從炸塌的洞，即那個黑洞洞的洞口下去的，下去的時候首先感覺到這個洞很深，裏面什麼也看不見。雖然拿著手電筒，可是手電筒打不遠。腳踏到地上後感覺到地面上整個都是瓦片，而且好像很有次序，不理解，怎麼這麼多

>>> 天·工·開·物 >>>

【六經】
　　東漢張仲景於西元三世紀初撰醫學名著《傷寒雜病論》，該書在流傳過程中，經後人整理編纂將其中外感熱病內容結集為《傷寒論》，另一部分主要論述內科雜病。《傷寒論》全書重點論述人體感受風寒之邪而引起的一系列病理變化及如何進行辯證施治的方法。其間張氏把病症分為太陽、陽明、少陽、太陰、厥陰、少陰六種，即所謂「六經」。

【花樓】
　　花本式提花機出現於東漢，又稱花樓，是中國古代織造技術最高成就的代表。它用線製花本貯存提花程式，再用衢線牽引經綠開口。花本是提花機上貯存紋樣信息的一套程式，它由代表經線的腳子線和代表緯線的耳子線根據紋樣要求編織而成。上機時，腳子線與提升經線的織線相連，此時拉動耳子線一側的腳子線就可以起到提升相關經線的作用。織造時上下兩人配合，一人為挽花工，坐在三尺高的花樓上挽花提縱，一人踏桿引緯織造。

>>> 中·外·名·人 >>>

■蔡倫
　　（六十二—一二一）東漢宦官。改進造紙技術：在傳統工藝基礎上，使用石灰對原料進行烹煮，大大提高紙的品質。這種紙造價低、原料廣，易於普及，天下咸稱「蔡侯紙」。

■老普林尼
　　（Plinius，二十三—七十九）古羅馬最有名的博物學家、百科全書作家。主要貢獻是《自然史》。這部著作在中世紀時，被認為是已有的關於自然界一切知識的寶庫。

瓦，弄這麼多瓦幹什麼呢？

整個洞的地面幾乎都被這些瓦片覆蓋，瓦片下面還有許多朽木。考古人員初步推測，墓室內，應該有一個大的建築坍塌了。

隨後，他們在洞室的北側，發現十幾個方型的大酒缸。就在進一步察看這些酒缸時，忽然從酒缸的頂部，傳來水滴的聲音。

鄭紹宗：在蓋缸的頂上，聽到嘀嗒嘀嗒的聲音，我們細細看，原來在陶器表面上，有很小的小石鐘乳瘤。因爲這個洞是石灰岩洞，它滴下來的是溶解的石灰岩，變成了一種鐘乳石狀了。

據專家推測，這種鐘乳石的形成，應該在千年以上。這座古墓，至少有一千年以上的歷史。洞室的北側，除了這十幾個大酒缸，就是成堆的陶器，估計有三、四百件。兩座洞室的西側，還有一座更大的洞室，經初步測量，它的高度有六、七米，如此大的墓室，對當地考古工作者來說，還是第一次見到。

鄭紹宗：當時我們半信半疑，我們覺得沒有這麼大的大墓，哪有這麼大的大墓，挖這麼多年墓也沒有見過這麼大的，所以感覺非常神秘，就覺得好像進入另外一個世界似的。

專家們首先要做的，就是推斷這座墓室的年代，從陸續出土的文物中，人們發現許多銅器，都刻有「中山內府」字樣的銘文，那麼中山內府指的是什麼呢？

周長山（河北大學歷史系副教授）：銅器銘文中的中山，指的是中山國。中山國在歷史上曾經有兩個，一個是春秋時期，由鮮虞族建立的中山國，這個中山國在戰國時期，被趙國所滅亡，再一個就是西漢時期的中山國。內府是當時負責諸侯王、王族內部事務的一個機構，包括管理經濟、生產各個方面的一個機構。所謂的「中山內府」實際上就是相當於「中山王府」的意思。

鮮虞中山國的前身，是北方少數民族氏族鮮虞部落。春秋時期的鮮虞部落，力量逐漸強大，開始向其他部落出擊以擴張勢力，並

⬆ 中山國銅燈

⬆ 中山國銅器

>>> 歷·史·典·故 >>>

【高祖傷胸】
　　劉邦與項羽爭雄期間，項羽在河南廣武把劉邦的父親抓到軍前，逼劉邦退兵，否則，「就把太公烹了」。劉邦卻哈哈大笑，說：「我與你相約為兄弟，我的父親也是你的父親，你要烹太公的話，請分我一杯羹。」項羽氣得大叫。劉邦接著歷數項羽十大罪狀，被惱怒的項羽搭弓射了劉邦一箭，正中其胸部，劉邦卻強作鎮靜地說：「混蛋射傷了我的腳趾。」之後又帶傷慰軍以安軍心。

【匈奴未滅何以家為】
　　霍去病抗擊匈奴立了大功，漢武帝為了獎賞他，給他蓋了一所府第，讓他前去看看。霍去病推辭說：「匈奴未滅，何以家為！」意思是：匈奴還沒有消滅呢，怎麼能想到安家呢！表現了先國後家的英勇豪邁氣概。

>>> 中·外·名·人 >>>

■張衡
　　(七十八—一三九)東漢科學家、天文學家。繼承和發展了前人的渾天理論，創制「渾天儀」。製作「地動儀」，比歐洲最早的地震儀要早一千七百多年。

■托勒密
　　(ptolemy，約八十五—一六五) 古希臘天文學家、地理學家和光學家。作為應用數學家而聞名於世。他的《天文大全》是希臘天文學的權威性著作。

　　在今天的河北省中西部地區，建立了自己的小國。因城內有山，號稱自己的國家為中山，史書中也有叫鮮虞中山的。

　　人們所熟悉的古代著名寓言，《東郭先生與狼的故事》，就出自這裏。

　　西漢時期，高祖劉邦大封同姓宗室為

諸侯王。以後各朝又陸續分封，這其中就有分封到中山故地的中山王，自此中山國，作為西漢時期的一個諸侯國，又一次出現在中國的歷史當中。不過兩中山國，相隔僅二百年，這座古墓中的中山國，到底是哪一個呢，根據出土的器物和銘文的字體，考古工作者最終做出了判斷。

鄭紹宗：最重要的東西就是從這個墓的中室裏面，出土了一個很大的銅盆，鎏金銅盆，學名叫做鑑，在這個盆的邊上，有「中山內府」這樣的一個刻字。戰國時期中山文字是屬於金文，而發現的刻字有近似漢代早期文字的特徵，接近漢朝了。另外，從墓裏面出土的其他銅器判斷，跟戰國中山的風格完全不一樣，而且是屬於西漢的風格，所以我們當時就判定，這個墓應該屬於西漢的中山，而不是戰國時期的中山。

後來考古工作者把這座墓室起名為滿城漢墓一號墓。

<2> 墓室設計無與倫比

滿城發現漢墓的消息，不脛而走，在當地引起了巨大轟動，幾乎每天都有許多人來到陵山觀看考古挖掘。為了避免文物遭到破壞，有關部門制定了嚴密的保護措施。

鄭紹宗：這個措施就是晝夜值班，而且還把很厲害的一個軍犬拉到墓的門口，來守衛洞口。我們去發掘的時候，這個警犬一直跟著我們，還有戰士拽著警犬，防止盜掘，防止有人破壞。另外，在陵山的四周都有崗哨。當時在山上施工的機電連，根據中央領導的指示，已經停工，來守衛這個古墓。

隨著勘察清理工作的逐步深入，一號墓的整體形制，也漸漸清晰起來。整座古墓，距山頂三十米，墓室全長51.7米，最寬處37.5米，最高處6.8米。這樣的高度，足可以在洞中建一棟二層樓房。墓室由墓道、甬道、南耳室，北耳室、中室和後室六部分組成。

↑ 滿城漢墓一號墓

如果俯瞰整座墓室，猶如一個「占」字。

這座墓室，為何要建成這樣一種形制呢？

秦漢以前，墓葬形制一般採用模仿地上建築的模式。這樣的設計，是為了把生前的一切，都象徵性地搬入地下，叫「事死如事生」。

到了漢代，墓葬形制有

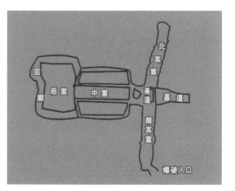
↑ 滿城漢墓一號墓的內部結構圖

了進一步發展，根據墓主人身分的不同，墓室分別採用宮殿，或者房屋的建築樣式。一號墓內的布局，就像是一座漢代諸侯王宮殿。這座墓室建成後，在不同的洞室內，又分別修建了不同結構的瓦房。南邊的耳室，埋葬著四輛用於出行的實用車，車馬早已朽爛。北邊的耳室裏面，有不同類型的陶器和盛酒用的酒缸。中室最大，墓中酒器、陶器以及油燈等四百多件珍貴文物，都存放在這裏。

一號墓整座墓室，全部挖在岩石當中，這與漢代其他的陵寢頗為不同。

漢朝人在修築陵墓時，以高大為美。皇帝死後，往往用夯土的形式，把陵墓築成巨大的墳丘，這種墓葬形式，就是土坑墓。而滿城漢墓一號墓的墓室，是依山開鑿的巨大洞穴，考古學家把這種墓室稱為崖墓。西漢的十一個皇帝當中，只有漢文帝的霸陵是崖墓。在修建霸陵時，漢文帝下令不許改動山川原貌，以山石為槨，不以金銀銅錫隨葬，改用瓦器，稱為簡葬。漢文帝認為，這樣可以防止墓室被盜。

由於種種原因，漢文帝的霸陵至今沒有發掘。滿城漢墓使人們第一次看到了崖墓裏的墓室結構。雖然同為崖墓，但根據滿城漢墓出土的隨葬品，可以看出，墓室的主人身分非同尋常。

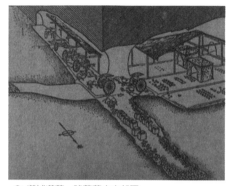

↑ 滿城漢墓一號墓墓室內部圖

↑ 滿城漢墓一號墓復原模型

↑ 漢文帝像

　　鄭紹宗：滿城漢墓發現以後，就轟動了國內外。這是因為《漢書》記載「以山為陵」就是仿效文帝霸陵的埋葬制度在這裏發現了實證，墓主絕對是一個很高級的王侯，而且還不只是侯，應該是王一級的人物，甚至和當時的皇帝地位，不相上下。

　　在西漢，只有諸侯王的地位，僅次於皇帝。在中山國境內，當然就是中山王。

　　西漢的中山國，管轄十四個縣，首府在今天的河北定州市，那時它有一個拗口的名字，叫盧奴。滿城縣當時叫北平，是中山國的屬地之一。中山國自古地薄人眾，人口六十多萬。在當時二十多個封國當中，居第二位。

　　中山國作為諸侯國，存在了一百五十多年，共有十位王執政。雖然初步認定，這是西漢一位中山王的墓葬，但究竟會是十位王中的哪一個呢，要揭開這個謎底，考古學家還有更漫長的路要走。

<3> 墓主身分撲朔迷離

　　滿城發現漢墓的消息，很快傳到了北京。一九六八年六月十五日，正在人民大會堂會見外賓的周恩來總理，把滿城發現漢墓的消息，告訴了時任中科院院長的郭沫若，並讓他負責滿城漢墓的發掘工作。很快，詳細的發掘方案制定出來了，具體負責發掘工作的是中國科學院考古研究所。

　　一九六八年六月二十七日，由中國科學院考古研究所、河北省文物考古所和解放軍工程兵組成的聯合考古發掘隊，正式開始了對漢墓的發掘清理。為了保密和避免文物丟失損壞，他們沒有雇傭一

個民工，也沒有驚動保定市和滿城縣地方政府。

由於雨水不時滲入洞中，整座墓室異常潮濕，考古人員的衣服，時間不長就會被打濕。

這座陵墓已經存在了兩千多年，它是怎麼解決滲水問題呢？

在甬道接近中室的地方，人們發現了一個橢圓型的深井，並在各個墓室中，發現了一些水溝，專家們斷定，這是排水溝。深井的位置，低於其他墓室，並且與這些排水溝相通，很顯然，這個深井就是墓室中滲水的集中排放處。在清理隨葬品時，人們發現許多文物都已散落。他們據此推測，已有二千多年歷史的滿城漢墓，曾經歷過數次地震，儘管如此，一號漢墓的墓室，依然保存完好，這是為什麼呢？

↑ 滿城漢墓隨葬品

原來墓室在開鑿時，設計者把墓室的頂部做成拱形，四壁做成弧形，這樣就不會構成直壁和直角相交的情形，從而達到防震的效果，專家們發現，中國古人兩千多年前的這一做法，居然完全符合現代力學原理。這樣的墓室結構，更為堅固。

整座墓室，約有二千七百立方米，在岩石中開鑿如

↑ 西漢中山國地圖

↑ 墓室中的排水道

↑ 中室剖面圖

↑ 墓室中發現的鐵質工具

>»»> 天 · 工 · 開 · 物 »»»>

【記裏鼓車】

　　一種配有減速齒輪的古代車輛，因車上木人擊鼓以示行進里數而得名，一般作爲帝王出行儀仗車輛，至遲在漢代已問世。其工作原理是利用車輪在地面的轉動帶動齒輪轉動，變換爲凸輪槓桿作用使木人抬手擊鼓。每行走一里擊鼓一次。從它的內部構造來說，所應用的減速齒輪系統已相當複雜，可以說是現代車輛上計程儀的先驅。

【萬象支架】

　　現代的飛機、導彈和輪船不論怎樣急速在空中或海上運動，都能辨認方向，這是由於安裝了陀螺儀的緣故。西漢末（西元一世紀）巧工丁緩的「被中香爐」是世界上已知最早的常平支架。它構造精巧，無論球體香爐如何滾動，其中心位置的半球形爐體都能始終保持水準狀態。鏤空球內有兩個環互相垂直而可靈活轉動，爐體可繞三個互相垂直的軸線轉動。其原理與現代陀螺儀中的萬向支架相同。

>»»> 中 · 外 · 名 · 人 »»»>

■馬融

　　（七十九—一六六）東漢經學家、文學家。遍注《周易》、《尚書》、《毛詩》、《三禮》、《論語》、《孝經》，使古文經學達到成熟境地。明人輯有《馬季常集》。

■耶穌基督

　　（Jesus Christus，一—約三十四）基督教所信奉的救世主。生於伯利恆，三十歲左右在加利利和猶太各地傳教。後被門徒猶大出賣，釘死在十字架上。

此巨大的墓室，即使
用現代化的施工方
法，一百個人也得需
要一年才能完成。在
生產工具並不發達的
西漢時期，古人又是
用什麼樣的方法，在
岩石上挖出如此巨大

↑ 滿城漢墓出土的銅燈

↑ 滿城漢墓出土的當戶燈

的墓穴呢？考古工作者在墓中發現了一些鐵質工具，他們是開鑿墓
室的工具嗎？

　　盧兆蔭，中國社會科學院考古研究所研究員，是當時滿城漢墓
發掘工作負責人之一。

　　盧兆蔭：我們在牆壁上面，隱隱約約看到還有一些鑿的痕跡，
並且在墓裏邊出土了一些鐵器。像鐵鑿這
一類的東西，根據當時西漢生產力水準的
情況，我們認為這個墓應該是用鐵錘、鐵
釺、鐵鑿鑿出來的。我們推測這個墓應該
是先挖上面，從上往下挖的，這樣子挖掘
可能比較方便。

　　開鑿這樣的墓室，又會用多少人來完
成呢？據史書記載，漢文帝在修建霸陵
時，用工三萬多人。這個不知名的中山
王，地位雖然稍遜於漢文帝，墓室規模可
能不如霸陵，但以當時中山國的國力來推
算，開鑿這樣的墓室人數最少也在萬人以
上，用數十年的時間才能完成。從跑馬道
兩旁岩石上殘存的開鑿痕跡推斷，在開鑿

↑ 著衣女侍俑

這座墓葬之前，工匠們首先修建了這條上山的道路。從東南角一直修到營造墓地的東山坡上，有了這條路，工匠們上下山運送材料，就相當方便。

此時考古工作者，開始詳細清理中室的出土文物。

在中室的中間位置，他們清理出十幾盞造型各異的銅燈，其中有一盞銅燈，吸引了專家的目光。這座銅燈的底座是一個銅鑄的人型，令人不解的是，從他的衣著及面部表情來看，他並不是一個漢人的形象。

鄭紹宗：從服飾來看，有點兒像少數民族的樣子，但是當時不敢肯定，他是一種什麼樣的人物。從這個燈的結構來看，它肯定象徵著一種歷史的背景。但是背景是什麼，當時也不清楚。後來經過室內整理，發現上面有「當戶」二字，這個「當戶」就是在匈奴有一種官員被稱為當戶。

匈奴是漢代北方的游牧民族，崛起於秦漢時期。西漢初期，匈奴時常進犯漢朝北部郡縣。漢武帝繼位後，開始對匈奴進行反擊，共進行了三次大的戰爭，才將北部邊疆的局勢控制住。

↑ 漢武帝像

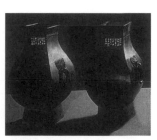

↑ 滿城漢墓出土的銅鈁

↑ 匈奴與中山國地圖

↑ 滿城漢墓出土的銅鈁上的文字

　　當時的中山國，位於漢朝北部，與匈奴相連，時常受到匈奴的侵擾。

　　據考古專家推測，這盞當戶燈，製作於漢朝和匈奴之間矛盾異常尖銳的時期。用匈奴人當做燈的底座，顯然是對匈奴人的一種蔑視。或許墓中的這位中山王，生活在與匈奴頻繁開戰的那個時期，那麼他究竟是誰呢？

　　從發掘工作開始，考古工作者始終沒有在墓穴中發現能證明這位中山王身分的器物，直到一件青銅器的出現才初見端倪。出土的這件青銅器，叫做鈁，是宴請賓客時用來盛酒的酒具。在它的頸部刻有「中山內府銅封三十四年」的字樣。

　　周長山：漢武帝以前，皇帝沒有年號。比方漢高祖劉邦，他只是用在位的順序來表示，例如元年、二年、三年這樣。到漢武帝劉徹的時候，他建立了自己的年號，比如建元、元光、元朔、元狩等等，漢武帝一共使用了十一個年號。當時皇帝可以用年號，但是諸侯王不能使用自己的年號。這涉及到一個等級制度的問題。諸侯王在表示自己在位年數的時候，只能用一般的數字排列，一、二、三、四這樣來表示自己在位的年數。

　　在中山國十位王當中，只有第一代王劉勝的在位時間最長，有四十二年之久，其餘的均不到

⬆ 劉勝出巡圖

⬆ 聞樂對圖

三十年。因此確定這座墓室的主人，就是中山國第一代王劉勝。

劉勝，漢景帝劉啓的庶子，漢武帝劉徹的異母兄長。西元前一五四年，漢景帝劉啓封劉勝爲第一代中山靖王。劉勝經過了漢文帝和漢武帝兩個時期。就在劉勝封王的那一年，封國權勢被逐漸削減，對此劉勝表示出強烈不滿。

《漢書》記載，西元前一三八年，劉勝在朝見漢武帝時，聞樂聲而泣，懇請漢武帝看在骨肉至親的份上，保留諸侯王的權益，被漢武帝婉言拒絕。

爲什麼劉勝如此看重諸侯王的權勢，他又是怎樣的一個人呢？

周長山：劉勝是一個什麼樣的人，根據史書記載，劉勝「樂酒好肉，有子嗣百二十餘人」，也就是說他這個人，整天沉迷於酒色，子女眾多，有一百二十多個子女，另外，從他和趙王的一番對話中，也可以看出他的爲人。趙王彭祖和他兩個人是親兄弟。有一次他就對趙王說，做王的就應該整天飲酒作樂，享盡人間快樂，這才是做王的道理。

北耳室出土十幾個大酒缸，成了劉勝樂酒的最好佐證，經估算，這些酒缸，總共可儲存幾千斤酒，看來劉勝不僅樂酒，而且很可能還是海量。不僅如此，整個墓

【帛書《五十二病方》】
　　現知中國最古的醫學方書，成書於西元前三世紀末。全書爲九千九百十一字，抄錄於一高約二十四釐米、長四百五十釐米長卷之後，六分之五部分卷首列有目錄，目錄後有「凡五十二」字樣，每種疾病均作爲篇目標題，與後世醫書之體例相同。此書所載絕大多數爲外科病，其次爲內科疾病，還有少量婦兒科疾病。書中除外用內服法外，尚有灸、砭、熨、薰等多種外治法。該書記載的藥物發展到二百四十二種，其中植物藥一百零八種、動物藥五十一種、礦物藥二十種和其他六十三種。

【鬥棋】
　　西漢有一個名叫樂大的方士，他利用磁石的同性相斥、異性相吸的性質做了兩個棋子般的東西，通過調整兩個棋子極性的相互位置，使之時而相互吸引，時而相互排斥。樂大稱其爲「鬥棋」，並把這個新奇的玩意獻給漢武帝，且當場演示。當時下自民間上至朝廷對磁石的這一性質並無廣泛認識，漢武帝驚奇不已，龍心大悅，竟封樂大爲「五利將軍」。

室中出土最多的就是酒器,這些酒器都是青銅製造,有的器物上,刻有銘文,記載著器物的名稱、重量、容量和來源。

在出土的文物中有一把鳥篆紋銅壺,鳥篆文是中國古代的一種美術字,它是在篆體文字上進行裝飾,有象徵性的鳥的形狀,還有的裝飾是以蟲的形狀,稱爲鳥書,或者鳥蟲書。這件銅壺上的鳥蟲

↑ 滿城漢墓中的大酒缸

↑ 蟠龍紋銅壺

↑ 乳丁紋銅壺

↑ 鳥篆紋銅壺

↑ 鳥篆紋銅壺上的篆文

↑ 銅錯金博山爐上半部

⊙ 馬王堆漢墓出土的漆鐘

⊙ 滿城漢墓出土的青銅酒具

⊙ 銅鍊子壺

⊙ 滿城漢墓出土的玉器

⊙ 滿城漢墓出土的玉器

⊙ 滿城漢墓出土的玉器

書的大意是，這個壺，蓋是圓的，我們在一起聚會飲酒，又有可口的美食，既能滋養身體，又能帶來美好的心情，可以延年益壽。

還有一種像橄欖球似的盛酒器，學者給它取名叫做銅鍊子壺。壺蓋和壺身上，分別有四條短鍊和四條長鍊。當長鍊把短鍊拉緊時，壺蓋就不能開啓，這樣人們用手提或者把它背在肩上都很方便。考古學家推測，這種壺是劉勝外出遊玩、打獵時使用的，與現在的人們常用的旅遊壺非常相似。

墓中出土的不僅有盛酒器，還有飲酒具，這些酒具造型獨特，工藝考究，即使是兩千多年後的今天，依然難以掩蓋它們的光彩，其精美程度，絲毫不亞於漢代皇帝曾使用過的器物。

劉勝所處的年代，正是西漢國力鼎盛時期，國家安定，社會經濟穩步發展，青銅器製造工藝也更加精湛。正因爲如此，現在的人們，才能有幸在滿城漢墓中，目睹這些精美的青銅器物。而有些器物的工藝水準，是我們至今仍無法超越的。

谷同偉（河北省博物館館長、河北省文物局副局長）：一般說，經過兩千多年的發展，我們的工藝水準也達不到西漢那個程度，很難讓人理解。但是它有特定的原因，是我們很難再恢復到原來那種程度，比如說從工匠來講，可能過去那些工匠，是世代都以這種工藝爲生，他的手藝也就一代一代相傳，爲皇宮、爲貴族專門製作器物，不計工本，只要是好就行。但是現在的社會，已經不具備這種條件，我們不可能去培養這麼多工匠，也不可能用那麼多的時間、那麼多的財力，來製作這樣的東西，所以說，現在很難達到那樣的程度。

除了發掘出大量的青銅酒具，在中室中，還不時發現一些殘破的玉器和玉飾品，這引起了人們極大的興趣。

玉在中國已有近萬年的歷史，古代無論天子還是大儒，都以佩

玉爲時尙。到了漢代，人們不僅把玉作爲財富和權力的象徵，還堅信以玉護身，能使屍體保持不腐爛。據史書記載，漢代的君王以及貴族死後，不光口含寶珠，下枕玉璧。還用玉片和金絲連綴而成的葬服，從頭包到腳。這就是人們所說的金縷玉衣，史書中也叫金縷玉柙。

金縷玉衣在戰國末期，大概就有了雛形。在河南三門峽出土的西周早期虢國墓中，發現墓穴中有些屍體臉上覆蓋著綴玉的面目，身上穿有綴玉的衣服，這可能就是目前考古發現中，金縷玉衣最早的雛形。

在漢代史書中，玉衣出現的次數最爲頻繁。

一九五九年，河北定縣北莊漢墓出土了帶穿孔的玉片四千多片。在徐州出土的西漢早期墓葬中，也發現了玉衣的散片。可惜，出土的玉衣都不完整，原因是這些墓室都曾被盜過，由於玉衣異常沉重，金絲的價值又遠遠高於玉片，所以盜墓者，往往把金絲抽走，只留下零散的玉片。

完整的金縷玉衣是一個什麼樣的形狀呢？它的結構到底怎樣呢？這在考古界中，始終是個未解之謎。

滿城漢墓的主人是諸侯王，這也是目

前漢代考古發現中，身分最高的一位墓主人，那麼這座漢墓中，會不會出現金縷玉衣呢？

<4> 金縷玉衣驚世奇蹟

在發掘完中室後，人們始終沒有發現墓主人的棺槨，所有人的目光，都集中在了後室。後室的中間位置，是一扇用漢白玉做的石門，石門高1.72米，寬僅二米。

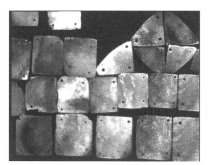

⬆ 金縷玉衣的玉片

⬆ 金縷玉衣的玉片

⬆ 河南三門峽出土的金縷玉衣的雛形

⬆ 馬王堆漢墓出土的素紗蟬衣

鄭紹宗：在中室西邊就露出了後室的漢白玉石門，這個石門，關得很緊。在石門外邊，就是掩著石門的地方，左右有銅鋪首（即門扇上的大銅環），怎麼進去呢？大家都很爲難。因爲推不動這扇門。

王秉讓：究竟怎麼弄，炸不敢炸，鑿不敢鑿。最後考古工作者發現石門上面，有一個小洞口，裏面塡滿了東西。

鄭紹宗：就是門楣跟石洞之間，有一個長三角形的一個洞，凹進去了，大小可以爬進去一個人。

據專家推測，由於後室是用石板搭建的石屋，石門上方的這個三角洞，很可能是墓室內的石板，與岩洞之間形成的縫隙。於是，發掘隊負責人決定，首先讓兩個人從三角洞裏爬進去。

鄭紹宗：進去的人發現，在這個門的下邊有一個門閂，是銅做的，像船形的一個門閂。

銅製的門閂叫頂門器，頂門器的設計非常科學，它的後

⬆ 馬王堆一號墓出土的T形帛畫

面部分，用石鉛加重，使前端翹出地面，石門關閉時，壓下頂門器的前端部分，完全關合後，頂門器的前端又自然翹起，頂住石門，使外面的人不能推開。

鄭紹宗：把這個門閂摁下去以後，外邊的人往裏推，使勁推，最後慢慢推開了。

巨大的石門終於打開，在大家準備進入後室時，有人提出，後室裏可能有暗器，因為在過去的帝陵中，墓主人往往把暗器放在陵寢的主室。

鄭紹宗：一般傳說在帝王的墓裏頭，都設置一些防盜，或者防衛的措施。有的說是弩機，還有其他一些暗器什麼的，因為這個墓經過兩千多年，這些東西可能都腐爛了。當然我們在發掘的時候，還是十分注意的。

經過隊員的察看，後室並沒有發現傷人的暗器。後室是一個用石板搭建起來的石屋，南邊還有一個側室，裏面的文物，被厚厚的草木灰所覆蓋。當清理完草木灰以後，人們發現這裏的隨葬品更加豐富，令人眼花繚亂。

就在這時，在後室的北側發現了幾塊散落的玉片，這些玉片讓人們立刻興奮起來，幾名考古隊員加快了清理工作，他們認為可能會清理出更多的玉片。誰也沒有想到，在它的下面，出現了一件類似於鎧甲似的東西。

鄭紹宗：首先露出的是頭部，因為頭部比較高，下邊有玉枕枕著，都已經壓成了扁片狀了，一種扁片兒似的。當把堆積在上面的朽木灰和金屬飾件全部清理完後，一件用金絲連綴的鎧甲狀的東西，出現在人們眼前。

這難道就是金縷玉衣嗎？

考古發掘隊的隊員們擠成一堆，開始細細地察看已經出土的文

物，他們這時已經意識到，一些久遠的秘密，或許會因為這件文物的出土而被揭開。

鄭紹宗：當頭部清理出來以後，腿部、胸部也同時清理了。露出的玉片一看比較完整，大家不約而同地都啊了一聲。我們確實發現「玉柙」葬服了。

玉衣最早的名字叫「玉柙」。

在清理玉衣周圍的隨葬品種時，發現玉衣的東側，有六十多個金豆，令考古工作者頗為疑惑，這些金豆是用來做什麼的呢？

金縷玉衣的發現，在整個考古發掘隊引起了轟動。

鄭紹宗：那天晚上好多同志都沒有睡著覺，因為這是第一次發現玉衣，興奮的不得了。同時當夜就把這個消息，通過電話報告了郭沫若，郭老很快就把這個消息報告了周恩來總理。

當遠在北京的郭沫若，得到發掘的是中山靖王劉勝墓這一消息時，神情非常激動。尤其是聽到後室有一件用金絲連綴玉片的玉衣時，這位七十六歲的老人，當即推掉所有的工作，親自到滿城進行實地考察。

七月二十二日，在周總理的親自安排

下，郭沫若由北京軍區政委陪
同，從北京出發，驅車趕往陵
山，剛一下車，郭沫若顧不上
休息，便直接來到墓室。

　　王秉讓：到了後室，他看
了金縷玉衣之後，他說這衣服
叫金絲穿玉片。這個東西只有
最高人物才能穿。

　　對於玉衣周圍的六十多個金
豆，郭沫若做出了自己的判斷。

⬆ 馬王堆漢墓出土的漆鼎

　　王秉讓：玉衣的周圍原來有六十來個金豆，郭
老就判斷，劉勝可能活了六十歲。

　　據史書記載，劉勝做了四十二年的中山王，於西元前一一三年
病死，但是他的出生年代，史書中並沒有明確記載。

　　按照郭沫若的推斷，劉勝大概出生於西元前一七○年前後。

　　郭沫若和專家們經過分析，最終認定出土的這件文物，應該是
迄今為止，人們發現的保存最完整的金縷玉衣。

　　然而就在這時，有人告訴郭沫若，後室只有已腐爛的棺槨，沒
有發現墓主人的屍骨，屍骨會埋在哪裏呢？

　　離開滿城回到北京之後，郭沫若提醒考古隊，要注意玉衣下面
是否還有一層墓穴，是否有埋著屍骨的棺槨。

　　盧兆蔭：我們就根據他的說法，把棺槨底下挖開，一直挖到自
然的石灰岩層，也沒有發現屍骨。

　　聽到這些消息，郭沫若陷入了深深的沉思之中，這座墓中，為
什麼沒有墓主人的屍骨呢，它難道只是一個陪葬墓？

　　在郭沫若考察滿城漢墓期間，考古專家曾經向他彙報說，墓室
北面的地貌特徵很奇特，這一消息引起了他的注意。

在距劉勝墓一百多米的地段，郭沫若發現山坡上沒有大塊的石頭，一些較小的石塊，好像有被加工過的痕跡。比起這裏的地貌，也與正在發掘的劉勝墓相似。把這些奇怪的現象與原有的疑問聯繫起來，郭沫若產生了一個大膽的設想。在劉勝墓的背面，應該還有一座大墓。

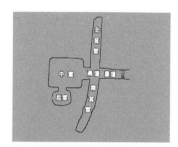
⬆ 滿城漢墓二號墓室結構圖

⬆ 歌俑

一九六八年七月二十八日，郭沫若給周恩來總理寫了一封長信，詳細彙報了滿城漢墓的發掘情況，並請求再用原班人馬，在一號漢墓北邊一百多米處，再度進行發掘。

很快，周恩來總理同意了這一方案。

八月十三日，考古隊的原班人馬，開始在距離一號墓的北邊繼續發掘。果然第

二座陵墓出現了，大家異常興奮，他們把這座墓編名爲滿城漢墓二號墓。二號墓的墓室結構與一號墓大體相同，也是由甬道、南耳室、北耳室、中室和後室組成。墓中各岩洞的四周都比較平整，開鑿的技術更高。可以明顯地看出，這是在吸取一號墓的經驗上，開鑿而成的。

　　二號墓的容積約爲三千立方米，它的建築規模又超過了前者。二號墓的發現，增加了考古工作者的極大信心，看來劉勝的屍骨，很有可能在這座墓中。

　　隨著一件件文物的出土，考古隊員又產生了疑惑。

　　在北耳室，考古工作者發現了兩匹小馬的殘骸。在馬的旁邊，還發現了一輛已經腐朽的小車。

　　這樣的車馬，能用來幹什麼呢？

　　據《漢書·霍光傳》記載，在皇帝的後宮中，有一種高三尺的小馬，這種小馬是用來拉宮中輦車的。由於這種馬能在很矮的果樹下行走，所以被稱爲果下馬。專家推測出土的這輛馬車，可能是宮中皇后、公主們駕車在宮中遊玩取樂用的，駕車的小馬，就是果下馬。

　　這輛小車馬，能否說明墓

⬆ 朱雀銜環杯

⬆ 朱雀銜環杯細部

中的主人，是生活在後宮的女性，甚至是劉勝的王后呢？

在中室出土了一枚朱雀銜環杯，朱雀是中國古代神話中一種寓意吉祥的神鳥，因為它神態昂然，氣度非凡，極具唯我獨尊的風範，所以古代王室，特別是王室中的女性，大都垂青於朱雀的造型。

在朱雀銜環杯底部，人們發現了少許補砂。補砂是古代婦女用來化妝的，此杯可能是存放化妝品用的。

這座墓的隨葬品，與劉勝墓中的隨葬品，有一個很大的不同之處，這裏的兵器很少。

不久，在二號墓的後室，考古工作者發現了一座散落的鎏金銅器，這件文物造型巧奪天工，更加引人驚歎，它身上的銘文，似乎更能證明，墓中的主人可能是位女性。

白榮金，時任中科院考古研究所專家，主要負責文物的修復工作。

白榮金：從它的形狀看是一個人形，因為有頭，有髮髻，有身子。另外就是那些一片一片的東西都是鎏金的。這個東西上面還有字，我當時做了記錄，把文字都給摹下來了，什麼「長信」、「尚浴」，都編了號。

經過組裝的這件銅人和劉勝墓中的當戶燈不同，二號墓中的這座宮燈，是一個宮女的形象，宮女頭上梳有髮髻，戴有頭巾，身穿長衣，衣袖特別寬大，面帶幽怨之情，好像是漢代宮廷中持物的宮女。

周長山：在漢代的後宮中，嬪妃美女如雲。而且她們之間，有著森嚴的等級制度，比方說有夫人、美人、七子、八子、昭儀等等，而且這種等級制度非常森嚴，這種持物的宮女，地位是最為卑賤的。

這座宮燈設計十分精巧，燈座、燈盤和燈罩都可以隨意拆卸，燈盤可以轉動，燈罩在原型軌道上可以開合，並且能根據需要，調節光亮的大小和照射的方向。燭火的煙灰，可以通過宮女的右臂進

入身體當中，使煙灰停在燈身上，以保持室內的清潔。

這座宮燈獨特的造型和功用令人驚歎不已。後來它曾經多次作為中華文明的代表性文物，被送往國外展出。

谷同偉：有一年在國外展出的時候，因為宮燈本身的特點，引起中國通、美國的基辛格博士很大興趣，特別是對它這種環保的作用，即油燈的煙一般比較多，這種燈點著之後，它的油煙可以通過袖管進入侍女的體內，這樣的話，煙霧就不會污染房間，對人造成損害。基辛格看了之後，特別幽默地說，中國人真了不起，你們兩千年以前就有環保意識。

這座宮燈的外側刻有陽信家三字，陽信家的字樣共有六處。從銘文的字體、刻字的工藝和內容來看，顯然不是一次刻成的，這也說明，這座銅燈曾經有過不同的主人，那麼陽信指的是誰呢？

周長山：陽信家實際上是「陽信夷侯劉揭之家」的簡稱，劉揭是一個王子侯，他在位一共

⬆ 長信宮燈

⬆ 長信宮燈上的「陽信家」字樣

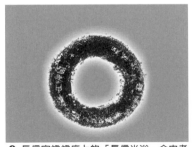

⬆ 長信宮燈燈座上的「長信尚浴，今內者臥」拓片

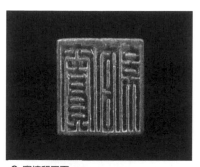

↑ 竇綰印正面

是十四年，後來就把他的侯位傳給他的兒子，他的兒子後來因為觸犯了國法，侯國被削黜，這樣侯國所擁有的各種財物就被沒入朝廷。

尤其重要的是，燈坐底部，刻有「長信尚浴，今內者臥」。長信指的是長信宮，劉揭被削奪爵位是在漢文帝時期，那時長信宮的主人，是漢文帝的皇后竇氏，而她正是中山郡王劉勝的祖母，這件宮燈，很有可能就是當時被沒收入長信宮的。後來考古工作者，給這件銅燈命名為長信宮燈。

這個竇氏皇后宮中的宮燈，怎麼會出現在這座墓中呢，墓中女主人又和竇氏皇后有什麼關係呢？

一九六八年九月十六日，在二號墓的後室，一個錫製的盒子裏，發現了一枚銅印，這枚銅印，對判斷墓主人身分，起了決定性的作用。

鄭紹宗：這個印是個方型的，而且正面有「竇綰」、背面有「君須」兩個字，郭沫若考證是，竇綰字君須，認為竇綰就是墓主人的名字，她有可能就是竇太后的家人。因此竇太后是漢景帝的母親，是劉勝的祖母，按輩兒算也可能是竇太后的侄孫女這一輩的。據此專家們進一步推測，竇綰應該就是劉勝的妻子，即中山國的王后。而那個長信宮燈，就是竇太后送給竇綰的陪嫁品。就在考古工作者，為主人身

分的確定，而歡喜鼓舞時，另一件更令人驚喜的事情，在工作隊中迅速傳開，二號墓中又發現了一件金縷玉衣。第二件玉衣的發現，使郭沫若沉浸在長久的興奮之中，但是兩件金縷玉衣同時出土，是他和其他考古工作者，怎麼也沒有想到的。

⬆ 二號墓出土的金縷玉衣

出土的這件玉衣，比劉勝墓出土的玉衣略微顯小，上衣的胸部和背部所用的玉片比較大，玉衣胸部的玉片，不是用金絲編綴，而是用絲織物編結而成，由於年代久遠，織物早已腐爛，又受棺槨朽木灰所疊壓，部分玉片已經散亂。

⬆ 魚鱗甲

這件玉衣的前片，為什麼不用金絲來編綴呢？

有關專家認為，這件玉衣是女性用衣，胸部用絲織物連綴，是為了和劉勝的玉衣有所區別。

考古工作者在清理滿城二號漢墓玉衣時，發現在玉衣裏面，有墓葬主人的頸脊椎骨和四條肋骨，以及三顆牙齒，看來二號墓的主人，是穿著玉衣入葬的，這更加重了人們的疑問，為什麼一號漢墓裏沒有劉勝的屍骨？

為了解開這個謎團，考古工作者再一次對一號墓的玉衣進行了

仔細的清理，希望能有新的發現。

專家們試著打開劉勝的玉衣後，發現裏面有一些裹泥灰樣的東西，和一些牙齒，他們推斷劉勝的屍骨，就在玉衣裏面，只不過已經腐爛成灰。

兩千年來，馬的殘骸仍清晰可見，為什麼穿著玉衣的劉勝的屍骨，反而腐爛成灰了呢？

專家們經過仔細分析得出了這樣的結論，這是因為墓室中隨葬品非常豐富，而馬、鹿等動物的殘骸和大量的陪葬用酒，增加了墓室中的有機物，使有害化學成分較多，這樣就導致屍體容易腐爛。另外洞中潮濕的環境，也加速了這一過程。

在研究玉衣的過程中，考古工作者發現，玉衣的結構很像古代戰爭中士兵所穿的鎧甲。

鎧甲是古代將士穿在身上的防護裝具，先秦時主要用皮革製造。戰國後期鋒利的鐵製兵器，逐漸用於實戰，鐵的使

↑ 彩繪九子奩盒

用，使防護裝具發生變革。

　　到了漢代，鎧甲有了很大改進，出現了似魚鱗狀的鐵甲，也稱魚鱗甲。由僅保護胸背的形式，增加到保護肩、臂、腰和胯。

　　劉勝墓中的這件鐵鎧甲，共用了將近三千片鐵片連綴，這和玉衣的片數差不多。鎧甲由皮革和絹做內襯，領口、袖口都有皮革和織棉兩層包邊，披掛後伸縮自如，活動隨意。

　　西漢初期，人們在製造玉衣時，似乎受到了鐵製戰衣的啓發。

　　盧兆萌：文獻裏面有記載，也有人用玉片做成鎧甲的形狀。從頭盔來看，頭盔的形制跟鎧甲的形制，也基本上是一樣的。

　　在比照兩件玉衣時，考古工作

⊙ 劉勝的金縷玉衣

⊙ 竇綰的金縷玉衣

↑ **金縷玉衣** 合股金絲

【毓會竊飲】

　　鍾繇是三國魏大臣著名書法家，他的兩個兒子鍾會與鍾毓幼年時乘他睡覺，偷他的藥酒喝。鍾繇其實已醒，卻裝睡偷窺他們。鍾毓先拜後飲，鍾會飲而不拜。鍾繇事後問兩人何故如此，鍾毓說：「酒以成禮，不敢不拜。」鍾會說：「偷本非禮，所以不拜。」鍾會後成爲司馬昭謀士。

【杯弓蛇影】

　　晉代人樂廣有一天設酒席宴請好友，不想好友心事重重，酒喝得很少，且很快就告辭回家了。不久，樂廣聽說好友病得很重，就去探望，得知好友是因在他家飲酒時看見酒杯中有小蛇游動而生的病。樂廣回家後左思右想，終於恍然大悟，便再請好友來飲酒。好友又發現酒杯中有蛇影晃動，並讓樂廣看，樂廣當即把掛在牆上的弓取下來，並問好友杯中還有無蛇影。病人才明白酒杯中非蛇影，乃弓影也。病便好了。

■ 司馬懿

　　（一七五－二五一）初爲曹操主簿，多謀略。懿善用兵，屢次率兵拒蜀軍北伐，諸葛亮不能勝。嘉平元年代爲丞相，加九錫。與其子司馬師、司馬昭獨專朝政。

■ 沙普爾一世

　　（Shapur I，？－二七二）伊朗薩桑王朝國王（二四一－二七二）。在位期間，一再與羅馬帝國構兵。後期，曾興建巨大的公共工程和城市，保護摩尼教。

者發現許多玉片背後，有一些墨汁書寫的數字，這些數字又意味著什麼呢？

　　劉勝的玉衣體型肥大，腹部突出，玉衣長1.88米，由二千四百九十八塊玉片組成，所用金絲重約一千一百克。竇綰的玉衣長1.72米，由二千一百六十塊玉片組成。只是在上衣前胸的編織方法上，與劉勝的玉衣有所區別。兩套玉衣都由頭部、上衣、褲筒、手套和鞋五大部分組成，每一部件都可以彼此分離。根據這一現象，複製專家做出了這樣的推測，玉衣在製作時，首先使用的是木製的人體模型，先在人體模型上畫出縱橫的線條，把人體分割成大小形狀不一的一個個區間，每一個區間，就是玉衣上的一塊玉片，然後根據人體部位的不同，來決定玉片的大小和形狀。玉片絕大多數呈長方形和方型，少數

為三角形、梯形和多邊形。最大的玉片長4.5釐米,寬3.5釐米,它是用在腳底的。最小的玉片,只有成人拇指蓋大小。然後在玉片的背後,逐格編號。人們看到的玉片背後,用墨汁書寫的數字,就是用作編號時用的。最後按照身體不同的部位,用金絲編綴成金縷玉衣。

專家們發現,在玉衣的製作過程中,難度最大的要數玉衣的手套。它也是玉衣中最為精巧的部分。

白榮金:這個手套精巧到什麼地步呢?就是它除了手背、手掌、手心這幾部分以外,最複雜的就是手指部分,手指部分要表現出來,每一個指關節,從後邊到中間到前邊,還要彎曲過來,這個玉片的切割,不是直著切,是根據彎曲的形狀,把它斜著切。有的是朝裏切,有的是朝外切,鼓稜的地方,都是從正面往裏切,凡是低的地方,都是從正面往背後外邊切。這樣就能夠出現一個瓦稜。

↑ **金縷玉衣** 最細的手套處的金絲

玉衣的玉片,從整體看呈碧綠色,通過專家鑒定,是一種軟玉。玉料可能來自新疆,這可能是漢代絲綢之路上的貿易成果。玉衣所用的金絲,一般長四至五釐

↑ **複製的劉勝鎧甲**

米，最細的金絲直徑只有0.08毫米，只相當於一根頭髮絲的細度，分布在手套各處。有的金絲很特殊，是合股金絲，就是由十二根很細的金絲，撚成一股，這種金絲撚成後，既柔軟又結實，那麼漢代的金器工匠，又是用什麼樣的方法，把金絲製作得如此精細呢？

白榮金：最細的金絲，直徑0.08（毫米），達到這種細度的金絲，只能是拔出來的。拔絲必須有一個模，這個模是一邊大，一邊小，整個把金絲從小的這頭給它拉出來。拉完一次再燒一次，因為金屬的延展性一燒就軟了。銅也是這樣，金也是這樣，其他好多金屬都有這種可塑性。

在今天的首飾加工行業中，我們仍然能看到這種加工金絲的方法。有一位小師傅說，他們的這些工具，只能把金絲的直徑加工到0.1毫米，而無法達到直徑0.08毫米這樣的細度。按照現在的工藝水準推算，西漢時代製作這樣一件玉衣，一名熟練的玉器工人，大概要耗費十餘年的時間才能完成。

在今天的河北定州市，也就是西漢中山國都城所在地，在一戶普通的人家中，存放著一套自己複製的金縷玉衣。這家主人叫夏長生，原是定州一家文物複製加工

廠的負責人。一九九一年，夏長生接受了複製金縷玉衣的任務。他苦心研究玉衣的有關資料，歷經數載，終於複製成功了第一件現代的金縷玉衣。

夏長生家中的這件玉衣，只能用細小的銅絲來代替金絲，而在漢代的史書中，對玉衣用什麼樣的金屬絲，都有著嚴格的規定。

據《後漢書‧禮儀制》記載，只有皇帝葬以金縷玉柙，諸侯王、隸侯、貴人，葬以銀縷玉柙，大貴人、公主爲銅縷，劉勝只是一個諸侯王，他爲什麼能穿著金縷玉衣入葬呢？

盧兆蔭：玉衣在西漢中期，也可以說整個西漢時期，玉衣的重點是在玉，用什麼絲穿，還沒有嚴格的規定。從考古情況來看，西漢的玉衣都是可以用的，也可以用金絲，也可以用銀絲，也可以用銅絲，當然級別越高的用金絲就比較多。皇帝可以穿金縷玉衣，王也可以穿金縷玉衣。到了東漢以後，才有了規定諸侯王只能穿銀縷的，只有皇帝才能穿金縷的。

在歷年考古發掘中，漢代的金縷玉衣出土最爲頻繁，而從漢代以後，很少再發現有金縷玉衣隨葬。

漢代人認爲，玉能保持身體不腐爛，而在滿城漢墓一號墓和二號墓中，結果卻恰恰相反。玉衣價值連城，反而更容易招來眾多的盜墓賊。

據《三國志‧魏文志》記載，漢氏諸陵無不發掘，乃燒取玉柙金縷，骸骨並盡。到了三國鼎立時期，中央政府的權威不復存在。盜墓之風四起，漢家王室的陵穴，大都被盜掘。金銀玉器被搶劫一空，而墓主人的屍骨，卻被拋散在一旁，再也無人問津。玉衣的減少，還有另外一個原因，一件玉衣要耗費大量的人力、財力，使國庫難以承受。所以魏文帝下令，禁止使用金縷玉衣。與此相印證，今天的人們，再也沒有從魏晉以後的陵墓中，發現金縷玉衣

<5> 陵墓中還發現了兵器和金屬醫針

滿城漢墓出土的上萬件文物中，金縷玉衣無疑最為引人注目，除此之外，劉勝墓中出現了大量的兵器，這些兵器可以使我們想見當時中山國軍隊武器配備的精良。讓我們再回到發現劉勝墓的一九六八年初夏的那天，當解放軍戰士從爆破後的洞口，走進這座墓穴時，手電筒的光亮，首先是照在了車和馬的殘骸上。

考古工作者在清理時，發現在它們周圍，有一些長方型的鎏金器物，以前從未見過，那麼它們是什麼，又是做什麼用的呢？

鄭紹宗：這個東西，有時候是成對地出土。左邊一個，右邊一個。不知道是幹什麼的。當時我們以為是車上的，後來經過研究，參考了很多文獻資料，還有其他各地發現的一些資料，確認它是承弓用的一種工具。

經有關專家考證，出土的這些鎏金器物叫承弓器，它是用來支撐弩機前弓的，而弩機是當時戰車上的一種遠端武器。在承弓器的周圍，發現了大量散落的弩機和箭鏃，弩機由於能有非凡的速度，可以從遠距離射殺敵人，被稱為古代戰爭中最致命的武器。弩機的射程，超過五百米，產生的穿透力足可以射穿敵人的盔甲。西漢時期，在征伐匈奴的戰爭中，名將李廣和他的軍隊都配備了這種武器，並用這種弩機在與匈奴的對抗中，建立赫赫戰功。

↑ 漆屏風

墓中出土的弩機不僅形

制較大，而且在望山上，就是現在的瞄準器上，刻有精密刻度，這種刻度是為了瞄準遠近不同的目標，作用與今天步槍上的尺規相同。這樣的設計符合彈道線的原理，這說明漢代的人們已從實踐中認識到了重力和空氣阻力，對射劍的影響。

弩機和箭鏃，並不是西漢戰場上唯一的武器。在劉勝墓的後室出土的兵器還有戟、寶劍、匕首、刀等。

在劉勝墓玉衣旁邊，出土了一把鐵劍，劍長一米有餘，堅韌鋒利，這應該是劉勝隨身佩戴的武器。在同一室內，還出土了一把錯金書刀，經過有關專家考證，這幾件兵器，均達到了早期鋼的柔韌度。

在歷時三個多月的挖掘過程中，解放軍工程某部投入了大量人力物力，協助考古隊進行了發掘。正是他們謹慎細緻的工作，使得許多細小但意義非統尋常的文物得以發現。

鄭紹宗：自從參加發掘文物以後，他們非常辛苦，而且簡直是入了迷，發掘也特別細緻，互相之間特別協調，特別合作，能夠順

⬆ 馬王堆漢墓出土的朱地彩繪棺

利完成挖掘工作，都靠這些戰士們。比如說在我們發掘中室的時候，在中室裏頭清理出來的幾顆醫用金針和銀針，都是用篩子一篩子一篩子把土篩了之後，得來的。

戰士們篩出來的這幾根金針和銀針，是針灸九針中的幾種，在古代醫學著作《黃帝內經》中，記載了九種不同的針，稱爲九針，並分別記述了九針不同的用法和功能。對照九針的記載，滿城漢墓出土的醫針分別是毫針、方針和圓針等。它們也是中國目前所見到的最早的古代金屬醫針，可見漢時的針灸水準是相當高的。

與醫針同時出土的，還有用來做切割手術用的最早的手術刀，以及灌藥器、湯藥冷卻器、藥勺等醫療器具。

爲什麼劉勝會用這麼多醫用器具來陪葬呢？

黃龍祥：比如說這個墓葬主人，他在生前可能就喜歡醫藥，如果生前就愛好醫藥，就有可能把他生前喜歡的東西作爲隨葬品，埋葬在墓裏面。我們在西漢出土的好多墓裏面看到，有大量中醫典籍，以及針灸的經典，可能也是出於同樣的原因。

加上出土的這些醫療器具，兩座漢墓出土的文物，共一萬多件。這在以往其他

歷·史·典·故

【阮籍青眼】

阮籍是三國魏文學家、思想家，爲人放曠不羈。他對意氣相投的人，以青眼相迎；對他認爲的俗人，則投以白眼。阮籍母親死的時候，他正與人下棋，對方要求停手，他卻非決出勝負不可。下完棋，他喝酒哀號，吐了好幾升血。母親下葬時，他又喝酒哀號，吐了幾升血。嵇喜來弔喪，他以白眼迎之，嵇康聽說後，就帶著酒；夾著琴來看他，阮籍就露出了青眼。

【杜畿國士】

荀禕爲曹操謀天下，官至尚書令。據說，他曾在一天夜裏，聽到由荊州來的布衣杜畿與侍中耿紀的一整夜談話，斷定杜畿爲高才，第二天便對耿紀說：「有國士而不薦，徒居高位太不應該了。」隨即召見杜畿，並舉薦給曹操。杜畿果未負荀望。

中·外·名·人

■曹植

（一九二—二三二）三國魏詩人。與父曹操、兄曹丕合稱「三曹」。善詩文、辭賦。有《洛神賦》等。

■奧利金

（Origen，約一八五—約二五四）早期基督教會神學家，聖經學者。著有聖經《六文本合參》、《論原理》等等。

⬆ 鎦金承弓器

弩机

承弓器

⬆ 承弓器用處示意圖

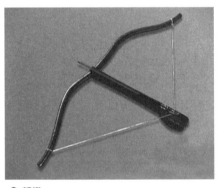

⬆ 弩機

的漢代陵墓的發掘中，都是罕見的。

一九六八年九月十九日，兩座漢墓的發掘工作全部結束，考古工作者將所有的文物編號，包括墓中的一磚一瓦，準備運往北京。

鄭紹宗：當時有好多整瓦都取出來了，這些整瓦有不同形狀。

滿城漢墓的發掘，打破了考古界多年的沉寂。在它的帶動下，全國開始啟動和恢復文物考古工作，湖北黃石、山東徐州、四川成都等地，相繼有重要考古發現。

一九七一年，周恩來同意了郭沫若的請求，考古報告、文物、考古三個學術性刊物相繼復刊出版，在學術讀物匱乏的情況下，一時洛陽紙貴，而關於滿城漢墓的內容，幾乎期期都有。

隨後，兩件金縷玉衣和其他精美的出土文物，頻繁地在國外展出。在非常年代裏，讓世界看到了中國的另一面。

直到今天，這兩件金縷玉衣可能都是出國次數最多的民族服裝，因爲它已經成爲中國古代文化的一個標識，讓人們了解了劉勝夫婦生活的那個年代，和那個年代的文明。

在陵山上，除了劉勝夫婦的一號墓和二號墓，還有十八座暴露在外面的小墓。非常規則地分布在主峰南坡附近，這些小墓分別是劉勝妻妾或者子孫的附葬墓。有專家推斷，在

⬆ 博具

⬆ 弩機瞄準示意圖

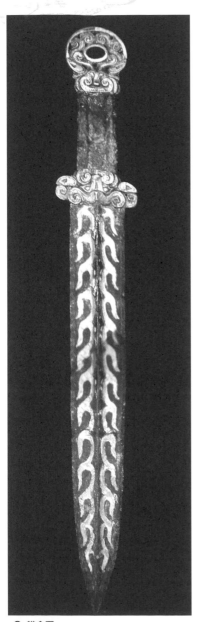

↑ 錯金刀

↑ 劉勝鐵劍

這些附葬墓的不遠處，很可能還有一座掩藏在山岩中較大的墓室，因爲陵山的某些地段的地貌特徵，與一號墓和二號墓極爲相似，也就是說陵山上，或許還有一座神秘的三號墓。假設這座三號墓眞的存在，那麼它的墓

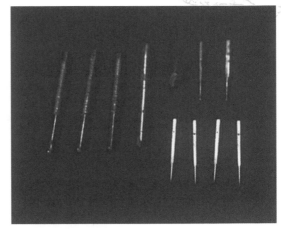

⬆ 滿城漢墓出土的醫針

主人又是誰呢？他和劉勝又是什麼樣的關係呢？

如果三號墓並不存在，那麼這些奇特的地貌，又是怎樣形成的呢？會不會是劉勝防止後人盜掘他的陵墓，而虛設的迷局呢

那些未解之迷還有待進一步考古發現。

第四章 魏晉風度

西元二世紀在戰亂中結束的，由此進入了戰爭更加激烈的三國時代，最終演化成魏、蜀、吳三國鼎立的局面。

⬆ 五胡亂華地圖

繼承了曹魏政權的西晉，雖然在西元二八○年滅掉了南方的孫吳，統一了全國，但在周邊地區，以匈奴為首的游牧民族的勢力越來越強大。過了三十年，西晉發生了一場大的動亂，史稱「八王之亂」。起因源自東晉王朝內部的政權爭奪。動亂發生之後，原先臣服於西晉的五胡 —— 匈奴、羯、羌、鮮卑五個游牧民族趁機起兵。西元三一六年，西晉被匈奴所滅。

<1> 《洛神賦圖》與《蘭亭序》

西元三一七年，西晉的一部分人和皇族預見到了西晉將滅亡，渡過了長江向南方逃亡。

建言南遷的是王氏家族，其中首倡此意的是王羲之的父親——王曠。經過苦難的逃亡，最終到達了現在的南京，在這裏新的皇帝即位，東晉誕生了。

牛車是當時貴族們乘坐的交通工具，貴族們就是乘著這種牛車上朝的。由於南遷，他們最初時在南方沒有領地，生活較為清貧。

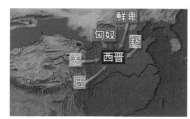

⬆ 東晉地圖

但中原的文化始終存在於當地豪族們的心中，並融入了他們的生活。

這一時期，在東晉的繪畫史上出現了顧愷之，書法史上出現了王羲

之，燦爛的六朝文化興起了。

　　長江以南，受惠於溫暖濕潤的氣候，是一個富裕的地區，自古以來盛產水稻，江河縱橫。對於生活在北方黃土地的人們來說，完全是不同的天地。在江南，有雍容風格與氣度的貴族文化發展得更加豐富多彩。

　　顧愷之的繪畫絕品《洛神賦圖》，就是江南燦爛文化的代表作。

　　顧愷之，是魏晉南北朝時期中國繪畫史上偉大畫家。

　　《洛神賦圖》的內容取自魏國曹操的兒子曹植所寫的《洛神賦》。

　　據說有一天，曹植在流經洛陽的洛水之濱，與洛水的女神相會並墜入情網，但最後女神還是離去了。曹植將懷念之情寫成了詩歌。

　　另有人則說，《洛神賦》產生於曹植被當皇帝的哥哥——曹丕奪走戀人的悲憤，它是中

↑ 陶牛車

↑ 王羲之的《平安帖》

↑ 王獻之的《中秋帖》與王珣的《伯遠帖》

↑ 王羲之的《快雪時晴帖》

【割圓術】
　　中國古代數學計算圓周率的方法。魏晉時期數學家劉徽所創。劉徽從直徑為二尺的圓內接正六邊形開始割圓，求出圓內接正九十六、一百九十二邊形的面積，從而確定圓的近似面積為三百一十四平方寸，再從圓面積公式（半周半徑之積）求出周長為六尺二寸八分，與直徑二尺相約得圓周率π等於3.14。又計算出圓內接正3072邊形的面積，得π等於3.1416。後南北朝時期祖沖之發展了此法，求出圓內接正6144邊形和12288邊形的面積，算出π等於3.1415926。

【圓周率的精確計算】
　　圓周和直徑的長度之比，即圓周率，用π表示。任何一個圓，不論其直徑大小，其周長和直徑長之比是一個常數，這是人類在測量圓的周長和圓的面積的實踐中逐漸認識到的最早的一個特殊常數。南北朝時的祖沖之在前人推算的基礎上進一步將π精確計算到八位數字：3.1415926＜π＜3.1415927，還提出了「約率」和「密率」的概念。

■僧肇
　　（三八四—四一四）東晉佛教哲學家。俗姓張，京兆（今西安）人。原好老、莊。讀舊譯《維摩詰經》後極為讚賞，認為在思想上找到歸宿，因而出家。著有《肇論》等。

■世親
　　（Vasubandhu，約三〇〇—約三五〇）印度佛教哲學家，邏輯學家，唯識學說的重要理論家。將辯論中的推理程式與個人思想予以區別。

國古典文學中的名作之一。

在這個反映愛情悲劇的作品中，顧愷之想要描繪的是對過去中原燦爛的文化和從那裏來的人們生活情致的嚮往。

在這種時代背景下，中國書法藝術史上絕品——王羲之的書法誕生了。記載晉朝歷史的《晉書》是在七世紀的唐初編撰的，其中的《王羲之傳》由當時的皇帝即唐太宗李世民親自執筆，這是十分罕見的。唐太宗是這樣評價王羲之的，「王羲之，字意邵，以骨耿稱，尤擅隸書，為古今之冠，論者稱其筆式，以為飄若浮雲，蛟若驚龍。」

王羲之的父親在現在的安徽省一帶任地方長官，王羲之誕生於名門之家。

大約一六〇〇年前的東晉時期，王羲之的兒子王獻之書寫的《中秋帖》，原本是寫給友人的書信，現存的《中秋帖》是後人將其中的一部分抽出而成，因此文意不通。

王羲之的侄子王冶書寫的《伯遠帖》，其內容是告知友人伯遠自己已遷往外地的書信。《伯遠帖》是一件內容完整、筆力雄健的佳品。

↑ 乾隆在《快雪時晴帖》上的題字

王羲之的《快雪時晴帖》現在收藏於臺北故宮博物院。

《快雪時晴帖》是僅有二十四個字的完整的書信：

「羲之頓首，快雪時晴，佳想安善未果，為結力不次之，羲之頓首。」

據說每年下雪時，乾隆皇帝都要拿出它，在三希堂鑑賞。

↑ 王羲之的《奉橘帖》

乾隆皇帝在這件作品上題寫了一個「神」字，進而提上「神乎技矣」的跋序。在所有的書法作品中，王羲之的這幅墨跡最為出色，世所推崇。

王羲之報平安的「平安帖」，詢問

對方情況的「何如帖」，和奉送物品的「奉橘帖」，三封書信合裝在一起。

↑ 甲骨文

↑ 金文

在被讚為古今行書最高水準的王羲之書法的強有力的翰墨中，我們可以看到王羲之倔強耿直的性格。

魏文帝曹丕做出了文學千秋不朽的宣言，文章是「經國之大業，不朽之盛事」，以此來看，記錄文章的文字即書法，其藝術境界似比繪畫更高一籌。

《山陰書圖》，是團扇的意思，這幅畫源於王羲之的一段故事。據說有一天王羲之在散步中，看到一個老婆婆在賣團扇，於是拿出筆來在團扇上寫了幾個字，老婆婆說這樣團扇就沒法賣了。王羲之告訴他，你就說是王羲之的字，可以賣一百錢，果然團扇很快就賣掉了，此後那個老婆婆又多次請王羲之寫字，王羲之只是笑笑，再沒有答應。

商代的甲骨文產生在距今大約三千年前。

甲骨文因為是在龜甲和牛肩胛骨等骨質材料上刻寫的，所以用直線構成的造型是它的特徵，用以占卜獲取神靈意志的甲骨文曾被當做聖物對待。

⚠ 《洛神賦圖》 《洛神賦》是三國曹魏作家曹植的著名文學作品,是中國文學史描寫愛情的名篇,
顧愷之的《洛神賦圖》一面世,便成為世人傳頌的名畫,其主要場景大致可分為言歸東藩、睹於
岩畔、芳澤無加、載歌戴舞、雲車以乘、人神殊道、不寐難歸等段落

繼甲骨文之後是周代鑄在青銅器上的金文。與甲骨文相比，文字的造型和數量更加豐富，金文在諸侯割據的春秋戰國時代仍在延續，作爲那個時代的文化反映，金文因國家的不同而存在差異。

⬆ 秦權上的篆字

這是「秦權」，秦權上鑄有秦始皇關於統一度量衡的詔文。

這些文字才是中國歷史上第一次統一使用的書體：篆書。西元前二二一年，秦始皇將全國各地的各種形式的書體統一成篆書。

⬆ 山東臨沂出土的竹簡上的隸書

山東省臨沂是琅邪王氏家族的發祥地，在那裏出土了一些竹簡。與曾被宮廷使用的篆書相比，在漢代，日常生活中廣泛使用的書體是隸書。隸書作爲公文的書體，是以文字書寫的容易、簡便作爲主要目的而被創造出來的。

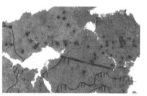

⬆ 西漢的紙為最古老的紙

一九八六年，在書法歷史上有了一個劃時代的發現，在甘肅省發現了目前爲止最古老的紙張——西漢的紙。還有一張紙被認爲是手繪地圖的片段。到了東漢時代，紙張的製造技術得到了改良，紙張的使用迅速得到了普及。紙張的出現和毛筆的使用，對書法產生了決定性的影響。

書如其人。書法表現的是書寫者的人格和他的內心世界，因此在各種藝術形式中，書法具有獨特的地位。王羲之二十三歲時出任朝廷的官吏，此後輾轉各地。朝廷的重臣們對他高潔的人品和才能給予了極高的評價。多次推薦他擔任朝廷高官，可是都被他婉言謝絕。

當時的揚州刺史寫信勸他：「悠悠者以足下出處，足觀政之隆替，如吾等亦謂爲然，即可以一世之存亡，必從足下從容之適」。王羲之回信說：「若蒙趨使，關壟、巴蜀，皆所不辭」。王羲之在四十六歲

時接受了右軍將軍的任命。王羲之不願在朝內任職，而要到戰爭的最前線去，這可能與他早逝的父親有關。宋代的歷史學家司馬光在《資治通鑑》中記載，西晉懷帝永嘉三年夏，王羲之的父親王曠率數萬士兵在山西省一帶抗擊匈奴遭到慘敗，部下將士全部戰死，此後，王曠的名字再也沒有在史書中出現過，一般認為是作了匈奴的俘虜。

↑ 王羲之像

↑ 王羲之的《喪亂帖》

↑ 描寫蘭亭聚會的繪畫

成為敵方俘虜，在古人觀念中還不如戰死。為父雪恥，出師北伐，是王羲之和他的家族悲壯的心願。

從王羲之的《喪亂帖》中我們可以了解他的心情。這幅名帖反映了王羲之對故鄉祖墳被破壞的憤怒和悲傷。在「羲之頓首」之後，有「喪亂至極」四個字，意思是說世間的動亂已經到了極點。

在「先墓」之後有「荼毒」兩個字，對漢民族來說，祖墳遭到了破壞，這北方少數民族的野蠻行為是無法容忍的，但是王羲之在擔任護軍將軍的期間，一直沒有等到北伐的機會。

↑ 《女史箴圖》 原為西晉著名文學家張華所寫的文學名著，文中歌頌了許多古代賢德婦女，事蹟千變萬化，時代地域又相去甚遠。顧愷之將這些故事通過繪畫一一表述出來

王羲之又一次提出了離開朝廷的請求。

東晉永和七年，即西元三五一年，王羲之被任命為會稽內史，王羲之雖然是地方長官，但他另有特別的任務。這時，眾望所歸的北伐軍隊終於組成了。

↑ 昭陵

會稽在當時是為北伐軍提供物資和人員的後援基地。會稽原本是富庶的地區，但當時實際情況卻並非如此，由於朝廷的賦稅十分繁重，農民的生活很苦，會稽根本沒有支持北伐的經濟實力。

東晉永和九年，即西元三五三年，陰曆三月三日，王羲之邀請地方名士舉行了「曲水流觴」的宴會。宴會的地點就設在紹興郊外的蘭亭，這是王羲之一生中舉行的唯一一次曲水流觴。三月三日，對漢民族來說是迎接祖先靈魂的日子。曲水流觴是一種源於戰國時代的重要活動。曲水流觴在古代曾經舉行過無數次，但是在會稽蘭亭舉行的這次曲水流觴則是最為著名的一次。後世的畫家們留下了許多描寫這次宴會的名畫。

曲水流觴就是在彎曲流淌的小河上放置酒杯，任其漂流，在酒杯流到自己身邊之前做詩，未完成者罰酒一杯。在當時的北方，北伐的軍隊為情勢所迫，已經不能不撤退了，王羲之在政治上的地位變得十分微妙。這個宴會因王羲之書寫的一篇序成為中國藝術史上燦爛的一頁。

在宴會上作成的詩被集成一冊，由王羲之在卷頭書寫序文，據說王羲之一氣呵成，這就是被後世讚為天下第一行書的《蘭亭序》。

在北京故宮博物院收藏著

↑ 馮成素的《蘭亭序》摹本

【翻車】

又稱龍骨水車，一種古老的刮板式連續提水機械。據《後漢書》記載，最初爲東漢畢嵐所發明。三國時馬鈞又加以農機翻耕改進，使結構更加輕巧，效率更高，從而擴大了使用範圍。翻車是利用人力轉動輪軸提水的，小型的用手搖，稱爲拔車；大型的用腳踏，稱爲踏車。翻車結構除車架外，主要是一具20尺×1尺×0.7尺的木板槽，槽中架設行道板一條，長度比槽板兩端各短一尺，用以安裝大小木輪。行道板是由刮板逐節用木梢子聯接起來的，猶如龍的骨架，由人力驅動上端的大輪軸帶動刮板，將水刮到木槽上端連續不斷地流入田間。後來又發展成爲牛轉翻車以及水轉翻車和風轉翻車。

馮成素摹本《蘭亭序》，唐太宗在得到了王羲之《蘭亭序》的眞跡後，讓擅長書法的臣子們臨摹，其中最得王羲之筆法精髓的便是這件摹本。

↑ 定武本《蘭亭序》局部

↑ 定武本《蘭亭序》局部

「永和九年，歲在癸丑，暮春之初，會於會稽山陰之蘭亭」。序文由此開始，在序文的前半部分，王羲之描寫了在風和日麗的藍天之下舉行曲水流觴的盛大情景。據說王羲之後來要求，將《蘭亭序》作爲自己一生中的絕作而代代相傳。不同的文字，使用相同的結構，強有力的骨架和果斷的筆法，使文字充滿了魅力感。

王羲之最終還是在序文中表述了自己的無奈：

「快然自足，不知老之將至」。

「古人云，死生亦大矣，豈不痛哉，每攬昔人興感之由，若合一契，未嘗不臨文嗟悼。」

王羲之在序文中表達了深深的失望和痛惜之情。當時的東晉，北伐已經毫無希望，社會充滿了一種虛無的情緒，但是王羲之面

■陸機

（二六一─三〇三）西晉文學家。與弟陸雲文才傾動一時，時稱「二陸」。曾爲平原內史，故世稱陸平原。有集四十六卷，散佚，後人輯有《陸士衡集》。

■拉克提坦烏斯

（Lactantius，約二四〇─約三二〇）基督教教父學家。以文筆純淨著稱。著有《神聖教規》、《被迫害者之死》。

⬆ 平安帖

⬆ 奉橘帖

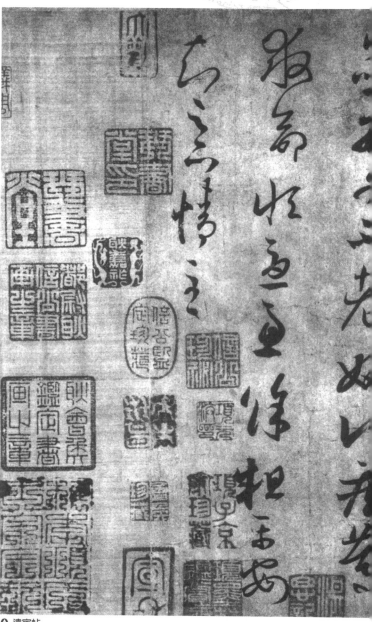

⬆ 遠宦帖

臨著如此困難的情況，並沒有因此而灰心喪氣，他試圖超越這一切，永遠保持一顆頑強的心。

「後之視今，亦猶今之視昔，悲夫。故列敘時人，錄其所述，雖世殊事異，所以興懷，其致一也，後之覽者，亦將有感於斯文。」《蘭亭序》以此結束。

位於陝西省的唐太宗昭陵，整座山都是太宗皇帝的陵墓。據說，《蘭亭序》的真跡就埋藏在這座巨大的陵墓內。唐太宗臨終前命令將《蘭亭序》與自己的屍骨一起埋葬，《蘭亭序》因此而永遠地從地面上消失了。

臺北故宮博物院收藏的是定武本《蘭亭序》。當時有許多書法名人臨摹，其中最接近王羲之《蘭亭序》真跡的歐陽修的摹本被刻在石碑上。此後在北宋滅亡的戰亂中，原石被毀，只有唯一的一幅拓本流傳至今。

唐太宗用「盡善盡美」這樣的頌詞讚美《蘭亭序》，此語是孔子讚美上古的聖王──舜的語言。王羲之從此被當做書法界的聖人，即書聖，而被推崇至今。

書聖王羲之的書法作品，是獨特展示中華民族精神世界的珍貴文物。清朝乾隆皇帝也將《快雪時晴帖》當做稀世之寶，並為《快雪時晴帖》特地營造了三希堂，其匾額就是乾隆皇帝親筆書寫的。

王羲之的出現，使書法進入了一個

↑ 五胡十六國地圖

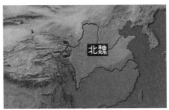

↑ 北魏地圖

↑ 嘎仙洞碑刻

↑ 和林格爾鮮卑族古墓壁畫

↑ 和林格爾鮮卑族古墓壁畫上的男子

新的藝術境界，從此以
後，王羲之的書法不管
到了任何時代，都一直
被當做民族的瑰寶，受
到推崇。王羲之的書法
成爲可以看得見、摸得
著的民族精神。

↑ 北魏時代的武人俑

<2>　北魏的佛教文化

　　縱觀中國古代的歷史就會發現，曾經有無數次
的游牧民族突破長城的防線南下，甚至入主中原，
建立政權。但是無論長城外的游牧民族是匈奴、契
丹、女眞，還是蒙古和滿人，當他們入主中原後，
最終都會出現被漢民族所同化的結果。

　　東漢末年黃巾起義，天下大亂，繼而三國鼎
立，乘此大亂之機，北方的少數民族開始定居內
地，主要的民族包括匈奴、鮮卑、羯、氐、羌等，
由於當時漢民族對北方少數民族有一個籠統的稱呼
── 胡人，所以這五個少數民族又被稱作五胡。

　　五胡在長期的紛擾之後，漸漸趨於統一，也
逐漸接受了漢化。其中匈奴漢化最早，鮮卑漢化
最深。

　　在西元四世紀的約一百年之中，華北地區先
後成立過十六個小國，這就是史稱的五胡十六國
時期。這一時期用武力征伐了各個民族，最終統
一了華北地區的是鮮卑族建立的北魏。佛教也隨

著北魏的建立而得到了迅速的發展。

據記載，建立了北魏的鮮卑族拓跋部落，最早就生息繁衍於中國東北部的大興安嶺山麓。北魏第三代皇帝太武帝在此地，即鮮卑族的發源地舉行了儀式，祭祀祖先，並爲子孫後代祈福。在大興安嶺嘎仙洞碑文中還有鮮卑族由此地南遷的記載，嘎仙洞碑刻的發現，使得鮮卑族拓跋部落的發源地首次得以明確的證實。

↑ 盛樂古城

鮮卑族由此地南下，而距此地以南兩千公里處，就是繁華的漢族文化的中心地帶——中原地區。在涉及人口一千萬人的大遷徙中，鮮卑拓跋氏是最後一支南遷的部落。

↑ 最早的銅製佛教造像

西元四世紀初，南遷的鮮卑族，首先在今內蒙古和林格爾建立城市，在其遷徙的路途中，鮮卑族留下了很多可以查證其文化、生活的珍貴文物。

↑ 青銅菩薩像

在和林格爾附近的鮮卑族古墓中發現的壁畫，但見騎在馬上，帶著獵狗外出打獵的男子，正在引弓瞄準獵物。短袖短襟的衣服非常適合馬上運動，這正是游牧民族特有的服飾。女子單身騎馬也是游牧民族的特點之一，鮮卑族主要從事游牧和狩獵，也進行少量的耕植活動。

↑ 敦煌莫高窟

西元四世紀初，南遷的鮮卑族在和林格爾留下了城池遺址，即盛樂古城。盛樂古城最早建於漢代，位於漢王朝與北方游牧民族相鄰的地區。鮮卑族南遷後，因其擁有強大的戰鬥力，被西晉朝廷看中，並被派往北方的防務要塞。游牧的少數民族與漢族的關係就是這樣，有時臣服，有時又與之爭霸。

北魏時代的武人俑，以其怒吼狀的面部表情，可以使人感覺到一股久經沙場的勇猛之氣。

西元四世紀，佛教在印度的影響力日漸消退，昔日的僧人們漸漸將眼光投入了新天地——中國，他們帶來了大量的經傳和佛像。

故宮博物院中收藏著年代最早的銅製佛教造像，此像高17.3釐米，因其左手拿水瓶，所以一般認為這是一尊觀音菩薩像。這是西元三世紀上半葉，建造於中亞犍陀羅地區的佛像。據記載，最早的佛像建造於西元一世紀末的中亞犍陀羅地區。古代佛教文化的中心之一犍陀羅地區，曾受到古希臘美術的強烈影響，從而產生了卓越的佛教雕塑。這尊佛教造像就是從中亞經過絲綢之路而抵達中國的。

蓮花座上的觀音像高16.7釐米，為鎦金銅像，佛像的右手持蓮花。據刻於台座上的銘文記載，此像是北魏太和二十三年，即西元四九九年五月，由一名叫郭五義的女子祈願鑄造的。她祈求死後能重生於佛祖所在的西方極樂世界。在當時，等級制度還很森嚴，作為女性，幾乎沒有

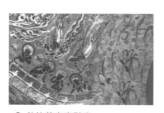

↑ 敦煌莫高窟壁畫

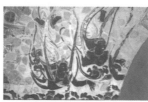

↑ 敦煌莫高窟壁畫

↑ 交腳彌勒菩薩塑像

人可以留下自己的名字，而這尊觀音像無疑告訴了我們這樣一個事實，提倡眾生平等的佛教教義已經在民眾中流傳。

有一尊菩薩像是青銅做的，高僅九釐米，此像細瘦、臉長，面龐秀麗端莊，具有典型的北魏佛像的特點。這一時期人們對菩薩的信仰十分流行，人們相信不需要自身的修行，而只要通過向菩薩祈禱求助，便可以達到超度的目的。

⬆ 雲崗石窟的北魏太祖佛像

北魏時，隨著佛教的傳播，佛像、壁畫、石窟、寺院等也得到了空前的發展。

開鑿於甘肅敦煌鳴沙山斷崖上，全長一千六百米的石窟群就是位居中國三大石窟之首，聞名中外的敦煌莫高窟。

⬆ 漆畫屏風

作為絲綢之路上的重要通道而繁榮起來的沙漠綠洲之城——敦煌城，在它的郊外開鑿石窟始於西元四世紀後半葉，被譽為大漠畫廊的莫高窟內，飛天的色彩至今仍鮮豔逼真。

交腳彌勒菩薩塑像，是一尊北魏時的佛教造像，堪稱敦煌莫高窟的代表性作品，菩薩雙腳交叉的姿態受到了中亞的影響，從其面部表情中，又可感受到中國傳統的技法，敦煌石窟不愧是中華文明與西域文明融合發展的生動縮影。

西元四世紀，將佛教進一步傳入華北地區的是名為佛圖澄鳩摩羅什的西域僧侶，當時佛教並不局限於佛祖的教義，而是一門包含了政治、醫學、軍事、建築，甚至巫術的綜合性文化。游牧民族的首領們從佛教中看到了一股神秘的力量，他們請僧侶們擔任自己的軍事和政治顧問。

佛教作為一種在戰亂中誕生和發展的宗教，首先在各游牧民族首領中迅速傳播開來，在這當中，最重視佛教的是北魏初的道武帝——拓跋珪。道武帝從那些被自己攻佔的地區內挑選出眾多官員，讓他們移居北魏都城，並建造起宏大的佛教寺廟。北魏的騎兵曾進攻過敦煌，並從敦煌帶走了一大批僧侶。道武帝在致「佛圖澄」弟子的信函中這樣寫道：「願助微

謀，克寧荒服」，意思是請讓我借助佛教的力量降服其他的民族。皇帝對佛教寄予的無限希望由此可見一斑。

西元三九八年，北魏的開國之君道武帝拓跋珪遷都至山西省的大同市。在大同留有的北魏時的遺跡，最著名的就是開鑿於武周河沿岸長達一千米的雲岡石窟。它是中國三大石窟之一，也是借助北魏政權力量而開鑿的大石窟。北魏為何要建造如此大規模的石窟呢？北魏文成帝命令高僧曇曜開鑿雲岡石窟時，曾提出了一個唯一的條件，那就是要將開國以來的皇帝刻入佛教造像之中。據稱，這尊大佛就是北魏太祖道武帝。

在記載了北魏歷史的《魏書》中可以看到，「太祖明睿好道，即是當今如來」的描述。由此可見，北魏統治者企圖通過將佛祖與皇帝融為一體來掌握絕對的統治權。

一九六五年，在大同市東南發現了一座古墓，這座古墓是北魏的漢族官僚司馬金龍及其妻子的墓葬。司馬金龍是西晉的皇族，出身名門，從其父輩起，司馬氏一族就任職於北魏朝廷，並當上了漢人可以擔任的最高官職，從墓內出土的文物中，最引人注目的就是色彩鮮豔的漆畫屏

↑ 舞者俑

↑ 俑人

【少林寺】

中國佛教寺院。位於河南登封嵩山五乳峰下，始建於北魏太和十九年（四九五）。印度僧人跋陀曾在此傳法，禪宗初祖菩提達摩面壁修行、惠可斷臂亦都在此寺。北周武帝廢佛時，寺毀。以後重建，改名陟岵寺。隋文帝敕復原寺名。唐初，寺僧曾助太宗作戰，故此寺頗受崇敬。南宋時擴建。清雍正年間重修。寺內今尚存達摩亭、毗盧殿等。其他名勝有寺西北的初祖庵、寺西的塔林、寺西南的二祖庵、五乳峰上的達摩洞等。寺中的古碑刻頗具歷史價值。

【《水經注》】

北魏時期地理著作，以散文筆法寫成，酈道元撰。他以《水經》為綱，作了二十倍於原書的補充和發展，實已另成專著。凡四十卷，約三十萬字，所記水道一千三百七十九條。該書逐一說明各水的源頭、支派、流向、經過、匯合及河道概況，並對每一流域內的水文、地形、氣候、土壤、植物、礦藏、特產、農業、水利以及山陵、城邑、名勝古蹟、地理沿革、歷史故事、神話傳說、風俗習慣等，都有具體的記述。「因水以證地」，「即地以存古」，繁微博引，詳加考求，態度嚴謹，引用書籍多達四百三十七種。其中以敘述北方水系最為精詳，以親身調研對前人訛誤與所糾正。南方個別水流，因當時南北政權對峙，情況不熟，不免有所疏誤。該書集中國六世紀以前地理學著作之大成，為歷史地理學、水文地理學、經濟地理學、考古學、水利學等方面的重要文獻。

■謝安

（三二〇—三八五）字安石，東晉政治家。三八三年，苻堅以號稱百萬之眾伐晉，京師震恐。謝安任征討大都督，指揮謝玄等取得淝水大捷。

■廣升土王

（三七四—四一三）即好太王。朝鮮高句麗國王（三九二—四一三）。在位時，攻略百濟，服新羅。領有朝鮮半島大部，建成強大的奴隸制國家。

風。這些漆畫屏風由數塊木板構成，每塊高八十釐米，寬四十釐米，描繪有起自夏朝的歷代王朝的故事。其洗練的畫風與江南東晉畫家顧愷之的佳作極為相似。從這些畫中看不到任何可以令人聯想起游牧民族的色彩和氣氛，從中傳達出來的只是對當時盛行於江南的華美的漢文化的嚮往。

↑ 龍門石窟

司馬金龍墓中的侍者俑，施了綠釉，相比之下顯得灰暗、樸素，這些保護主人的武人俑，服侍主人的侍者俑幾乎全是游牧民族的臉型。

↑ 河南鞏縣石窟的皇帝禮佛圖

漢族貴族們曾經雇傭過很多游牧民族出身的人做侍從，但是現在兩者的地位已經轉變，漢族必須服從異族的統治。從司馬金龍墓中出土的漆畫屏風和陪葬俑中，似乎可以察覺到，任職於北魏王朝的漢族官僚複雜微妙的心理活動。

↑ 皇帝禮佛圖 孝文帝

北魏第三代皇帝太武帝拓跋燾時，道教的虔誠信徒、漢族出身的宰相崔浩向皇帝謊報佛教僧侶們企圖謀反。對崔浩完全信賴的太武帝於西元四四六年下詔廢佛。崔浩的目的正是通過廢除佛教這一國家統治的根基，從根本上動搖北魏王朝的統治。但是，不久崔浩的策略敗露，崔氏一

↑ 龍門石窟 如來佛像

族遭到滿門抄斬。廢佛詔令下達六年後，太武帝被暗殺，新即位的北魏皇帝恢復了佛教。這一事件使得北魏統治者深深感到維持與漢民族的融合，才是維持國家政權的關鍵。

開創了北魏黃金時代的正是北魏第六代皇帝孝文帝拓跋元宏。

西元四九三年，北魏決定遷都黃河南岸的洛陽，決定遷都的就是

北魏第六代皇帝孝文帝，孝文帝在決定遷都洛陽的同時，將鮮卑族拓跋的姓氏改為元，此外，他還禁止使用鮮卑語，禁止穿戴鮮卑服飾，並頒詔吸收漢族文化。孝文帝企圖通過限制自身文化，來達到與漢族融合的目的。

西元四九四年，在遷都的過程中，即開始在洛陽南部、渭水沿岸開鑿大型石窟，這就是與敦煌、雲岡並稱為中國三大石窟的龍門石窟。

孝文帝在推行漢化政策的同時，也積極保護國家的精神支柱：佛教，河南省鞏縣石窟內雕刻的「皇帝禮佛圖」可見一斑，該圖中分三段描繪了前往禮佛的長隊，在隊伍的前列是被侍者簇擁著的皇帝。據傳，這就是開鑿了鞏縣石窟的孝文帝。

在北魏王朝內部激烈的鬥爭中，孝文帝五歲時就被推上了皇位，其祖母文銘皇太后是漢人，也是一個虔誠的佛教信徒，孝文帝從小由祖母撫養長大，所以自小他就親身體驗了漢文化，並皈依了佛教。

有一尊如來佛的臉上浮現著微笑，表情安詳，從中看不到雲岡大佛所具有的強勁和威嚴。其服裝已改成在胸前繫帶的漢族衣裳，連面部表情也由游牧民族的粗獷有力，變成了漢族式的溫文爾雅。

「凡為人君，患於不均，胡越之人，亦可親如兄弟。」這是《魏書》所載的孝文帝的話。統一南北，建立一個民族大融合的國家，這，就是孝文帝的理想和目標。

第五章 石刻上的歷史

⬆ 雲岡石窟 1

⬆ 雲岡石窟 2

⬆ 雲岡石窟 3

⬆ 雲岡石窟 4

⬆ 雲岡石窟 5

⬆ 雲岡石窟 6

一個被史學家稱為來無影去無蹤的少數民族，在距今一千六百多年前，掃平北方各族政權，統一了大半個中國，建立了北魏王朝。這個遠古時期就生活在大興安嶺地區的悠久民族，在走出大山後，也走上了興盛之路，雖然它統治北方中國長達二百年之久，但中原才是正宗的史學偏見，

↑ 曇曜五窟

使這個重要民族的資料，被無情的時間所掩埋，經過幾百年時間，這個名叫拓跋的鮮卑少數民族被歷史徹底吞噬了，所幸的是，今天的人們可以通過對大同附近一個石窟群的研究，來了解一千五百多年前，北魏興盛時期的民俗民風與宗教信仰，通過這個石窟群，人們揣摩著拓跋鮮卑那早已消逝的民族文化，破解著它刻在石像上的千古之謎。

<1> 佛教事業的見證

西元四六〇年，一個名叫曇曜的高僧，站到了山西大同附近的武周河邊，眼前的靈山秀水，使他欣喜萬分，他將奉旨為興盛的北魏王朝，建造一個前所未有的偉大工程——雲岡石窟。眼前的武周山（又名雲岡），山勢並不險峻，山體上有一

段整齊的岩壁，岩石又是水沉砂岩，非常適宜石窟的開鑿。武周河水從岩壁前潺潺流過，構成了一副美麗的畫面。這裏的條件，都符合曇曜的要求。從第一錘砸到石壁上算起，到今天雲岡石窟屹立在這片峭壁上，已有一千五百多年。

雲岡石窟位於大同西郊約十五公里的雲岡溝內，石窟雕鑿於武周山南麓的崖壁，現存窟區自東向西約一公里。其中石窟五十三個，佛龕約一千多個，佛像五萬餘身，它是中國早期石窟之一，是最先以皇家實力營造的石窟，是少有的完成於一個朝代，一個民族下的偉大創造。而它的開創人曇曜，作爲當時的高僧，在史書上卻一直沒沒無聞，在佛教史上，也未引起人們的重視，甚至對他的出身、經歷，以至生死年代都沒有記載。他作爲北魏的代表，負責開鑿雲岡石窟，對他個人，甚至對當時中國僧人都是命運的一個重大轉折。

這個轉捩點，是北魏文成帝的登基。

文成帝登基後，繼承父親的遺志，大力扶持佛教，即位之後，把損壞嚴重的土木宮塔，用石窟代替，破壞嚴重的供養泥人，都用石佛替代。

↑ 第十六窟的佛像

↑ 第十七窟的交腳菩薩

↑ 第十八窟的佛像

↑ 第十九窟的佛像

鮮卑人樂意支持這種全用
石頭建造的工程，是因爲他們從
祖先起就有居住石窟的傳統，另
外他們想用石頭這種堅硬載體，
使自己的民族與天地共存，與日
月同輝。於是，文成帝在政治、
經濟、軍事都處於最佳狀態之
際，竭盡國家的財力，把民族的
心態寄託在宗教文化的建設之
上。

功垂千秋的雲岡石窟，就
這樣應運而生。

雲岡石窟，不同於古人所
居住的岩洞或洞穴，也不同於供人觀賞的
自然溶洞，它是爲了人們滿足一種精神需
求，而開鑿的一種宗教活動場所。

人們選擇風光秀麗的靈岩聖地，在山
崖岩壁上開鑿洞窟，建造佛像，是一種體
力勞動，更是一種精神生活。

雲岡石窟順應著時代的要求，在高僧
法果提出皇帝即當今如來之後，龍顏大悅
的皇帝，萌發了要與佛陀合二爲一的想
法。文成帝大興佛教，高僧施賢、曇曜等
人復出後，明白政治對佛教的發展有重要
的影響。曇曜奉旨開鑿雲岡石窟時，決定
開鑿五個大型的洞窟，並在其中刻大佛
像，以造聲勢，從更大程度上彌補鮮卑人
的自卑心態，使他們感覺到鮮卑人才眞正

⬆ 雲岡石窟第二十窟佛像（素描）

《齊民要術》
　　北魏綜合性農書，爲世界農學
史上最早的專著之一。作者賈思
勰。「齊民」，指平民百姓；「要
術」指謀生方法。約成書於六世紀
三十～四十年代。最初在民間輾轉
傳錄，至北宋天聖年間才官刊頒發
給勸農使者，以指導農業生產。以
後官私傳抄不絕，版本多至二十餘
種，並廣爲其他農書、雜著援引。
該書共分十卷，九十二篇，約十一
萬餘字。全書要旨在於提倡獎勵農
耕，改良土壤，採用合理的耕作制
度和方法，強調選種和改良品種以
及掌握好天時地利等因素的重要
性，不尚空談，注重實踐。書中還
重視介紹野生植物和南方植物的利
用，第十卷可以說是現存最早的南
方植物志。書中引用了大量古代的
農書及雜著，使一些佚失的著作如
《勝之書》、《四民月令》及《陶朱
公養魚經》等得以部分地保存下
來。

是頂天立地的國家主宰，而在此
前，還沒有人開鑿過如此大型的洞
窟。

　　雲岡石窟西部的第十六至二十
窟，被後人認爲是曇曜開鑿的五個
洞窟，史稱曇曜五窟，它們開鑿於
西元四六〇年，被認爲是雲岡石窟
的第一期工程。窟內雕刻有五尊大
佛。曇曜經過反覆的思考後，從一
個僧人的角度，爲北魏的五個皇帝
雕刻了石像。

　　第十六窟的佛像高13.5米，
腕臂上雕刻有千佛，他英俊威
武，氣宇軒昂。

　　第十七窟雕刻有一尊交腳菩
薩，他高15.5米，胸前有蛇形的
衣飾，下身穿著長裙，具有濃厚
的異域情調。

　　第十八窟居於五窟的中部，佛
像高15.5米，身材魁梧，富有雍容
華貴之感，他左手撫胸，右手下
垂，石像身披一件千佛袈裟，上面
布滿了無數小佛，這在國內外各
種造像中極爲罕見。左側的菩薩及
弟子，或雙手撫胸，或手持花蕾，
深目高鼻，笑容可掬，表情安然，
有位弟子，嘴角上翹，面帶笑容，
聆聽佛法時的喜悅心情溢於言表。

↑ 第二十窟的佛像

↑ 第二十窟的佛像

↑ 第二十窟的佛像

↑ 圓頂窟

第十九窟佛像，細眉長目，直鼻方口，兩耳垂肩，面頰豐潤，整個佛像氣宇軒昂，面容慈祥。

第二十窟因洞窟早已崩塌，世人便稱它爲露天大佛，它的雕鑿技法非常成熟，有光明普照，普渡衆生之感，被認爲是雲岡石窟的代表作。端然正坐的釋迦牟尼佛像高13.7米，兩側原來雕有兩尊站立的佛像，右側立佛，現在已經坍塌了。正中主佛像，高大突出，體態豐滿，大佛嘴角微微上翹，顯得深沉而含蓄。頭部稍稍前傾，目光下視，使世人能感到佛的親切。

優美的造像還融入了民間的審美觀念，典型的是兩耳垂肩的造型。這種造型在以前的佛像中，並沒有擴大到垂肩的程度，但民間流傳著三國時劉備有兩耳垂肩的福相，工匠們就憑藉想像，把它藝術地嫁接到雲岡石窟的佛像上。

曇曜五窟是單純的圓頂窟，平面爲馬蹄形，與中國建築中的平頂窟迥然不同，五窟若採用漢族的殿堂式結構，是無法解決塌方冒頂之災的。圓頂窟可以承受很大的壓力，而不會坍塌，自然是最佳選擇。同時它又很像鮮卑祖先曾經居住過的洞穴、氈房。

鮮卑是一個文化基礎較薄弱的民族，在取得了政權，統治了大半個中國後，他們的民族自尊心和民族自卑感，始終交織在一起，心態無法平衡。曇曜與衆多造窟

>>> 歷·史·典·故 >>>

【不近火光】

晉潛帝司馬鄴少時也聰慧過人。他五歲的時候，宮中夜間失火，見武帝司馬炎登樓觀火，司馬鄴趕緊跑上前拉住武帝的衣裾，讓他躲進暗處。司馬鄴的道理是：夜晚起火，宜備不測，皇上不宜靠近火光，讓人看見容顏。

【不爲五斗米折腰】

陶淵明在彭澤當縣令時，不善也不喜搜刮，生活並不富裕，但日子過得很逍遙。只是有一天，郡裏派了名督郵來視察工作，陶淵明十分掃興，只得穿著便服去拜見督郵。他身邊的侍從一看他便服見上司，十分吃驚，就告訴他得穿官服、束帶子，並帶上禮品去拜見才合體統。陶淵明向來痛恨那些仗勢欺人、作威作福的督郵，一氣之下，當天就辭官歸家了。他臨走前說：「我可不願意爲了那五斗米的官俸，向那號人打躬作揖！」

>>> 中·外·名·人 >>>

■王羲之

（三二一—三七一，一作三○三—三六一）東晉書法家、文學家。少有美譽，朝延公卿皆愛其才氣。性坦率，當太尉選女婿時，唯羲之在東床袒腹，遂以女相嫁。後世稱女婿爲「東床」。書有《快雪時晴帖》等。

■奧古斯丁

（St.Augustinus，三五四—四三○）羅馬帝國基督教哲學家。原罪思想的發明者。拉丁語奠基人。著有《懺悔錄》等。

者，用開鑿雲岡石窟的方式，平衡了
他們的心態，從而獲得了北魏政權的
支持。

佛像身上有很多小洞，這個小洞
是起什麼作用，為什麼佛像身上要有
這種小洞？

李雪芹（雲岡石窟文物研究所副
研究員）：石雕作品的表面，打造得
非常光滑，後世人為了重新精裝佛
像，要在石雕上，再包泥，岩石和泥
巴肯定黏不住，當時的工匠就在佛像
的身上，鑿了許多方形或者圓形的小
孔，在這孔裏插上木橛子，使這個木
橛子，突出佛像表面大約三到五釐
米，在這上面再用麻繩牽上，然後再
上面敷泥，使岩石和泥非常緊密地銜
接在一起。就好像我們現在的水泥，
光有水泥沒有太大的強度，如果裏面
打上鋼筋，強度就非常大了。小洞
主要是當時為了做泥塑而弄出來
的，但是過了幾百年以後，一旦泥
皮脫落，佛像身上就出現排列整齊
的一排排小洞，儘管主觀願望是為
了保護佛像，重新對佛像進行精
裝，客觀上卻是對佛像造成了一種
不應有的破壞。

雲岡石窟這樣一個大的石窟，
當時工匠們是怎麼來開鑿的，耗時

⬆ 多寶佛與如來佛共坐的雕像

⬆ 第六窟中佛祖出生石刻

⬆ 第六窟中佛祖出生石刻

⬆ 第六窟中騎象回城石刻

↑ 第六窟中的飛天 1

↑ 第六窟中的飛天 2

↑ 第六窟

↑ 第六窟的中心塔座

【灌鋼】

中國古代利用液態生鐵對熱鐵進行擴散滲碳而煉製的鋼。初稱宿鐵，又稱團鋼。有記載的最早應用灌鋼技術的實踐者為南北朝北齊冶金家綦毋懷文，曾任北齊時的信州(今四川萬縣和湖北巴東之間)刺史。他將生鐵水灌注到未經鍛打的熱鐵中而製成灌鋼，又以柔鋼為脊，灌鋼為刃，成功地使用了油淬和尿淬的金屬熱處理工藝，製成刀鋒剛利的宿鐵刀，據傳能斬甲三十層。明代改泥封為塗泥覆蓋，使生鐵在還原氣氛下熔化，並用熱鐵製成薄片，以增加接觸面，使熟鐵加快增碳成鋼。後來的蘇鋼，也稱蓋鋼，則是灌鋼技術的進一步發展。

【水轉連磨】

中國古代由水輪驅動的糧食加工機械。據《魏書》記載，最早為晉人杜預所創制。其原動輪為一具大型臥式水輪，由水力驅動運轉。水輪的長軸上聯結三個齒輪，每個齒輪聯動三個石磨。因有九台石磨同時工作，其效率很高。也有一個水輪驅動二台石磨的，稱為連二水磨。

有多長時間？

李雪芹：通過考古調查，初步確定它的開鑿方式，是從上往下刻，這樣的開鑿有個好處，就是說在開鑿的過程中，不用搭架子，如果從下往上刻，首先要鑿個洞，然後搭很多的腳手架才能去刻，這樣比較費工、費力，也不太安全。日本有個學者叫吉村伶先生，他對石窟的開鑿，從工程力學角度，做了非常精密的推算，他認爲像我們曇曜五窟這樣的大窟，開一個洞窟至少要四到五年的時間，才可以完成一個洞窟的工程量，可見當時北魏時期，爲了開鑿雲岡石窟，所耗費的人力、資源是非常多的。

在一面長約一公里的石壁上，記錄著一代皇朝已經消失的足跡，千年以前，這裏曾經是車水馬龍，人聲鼎沸，對北魏來說，雲岡石窟當時是一個浩大的皇家工程。

古代地理學家酈道元這樣描述它，「鑿石開山，因岩結構，眞容巨壯，世法所稀，山堂水殿，煙寺相望」，這是當時石窟盛景的眞實寫照。來自北梁大同當地的工匠，甚至包括來自斯里蘭卡的佛教徒，都參與了這一舉世聞名的偉大藝術創作。在高僧們的精心策劃下，四萬多人，經過幾十年含辛茹苦的開鑿，出色地雕鑿出這一世界級的文化瑰寶。

二十幾個大窟中，無不浸注了皇家的意願，在表達皇家意願時，又無不涉及它的歷史背景，甚至宮闈隱私。

北魏傳到獻文帝時，馮太后登上政治舞臺，掌握了朝中大權，雲岡石窟工程主要集中在文成、獻文、孝文三朝，反映此三朝的歷史是必然的。可是在此三朝中，卻又插了一個皇太后馮氏，她在獻文、孝文兩朝攝政，且集大權於一身，這不僅給歷史增加了複雜性，也給雲岡石窟的歷史文化增加了複雜性。

如何表現兩重皇天的局面呢？雲岡石窟走到了命運的十字路口。

人們想起了佛經妙法蓮花經中的一個
故事。在很久很久以前，東方世界有個寶
進國，國中有位佛，一名叫多寶，他發過
一個誓，說當他離開人間成佛後，無論十
方國土中任何一處，有講法華經者，他和
他的塔廟，為聽講經，就會從地下湧出，
後來當釋迦牟尼演講《法華經》之際，奇
蹟出現了。在釋迦佛面前，湧現出一座七
寶塔，而且塔中發出多寶的聲音，稱讚釋
迦牟尼宣講的法華經。釋迦牟尼隨即邀請
了十方世界的萬億諸佛前來參拜多寶佛。
於是多寶佛打開寶塔，分出半個座位，與
釋迦佛共坐，這就出現了多寶與釋迦兩個
如來佛共坐一個座位的稀有狀況。釋迦與
多寶兩佛共塔的故事，在佛教以及佛經
中，既不佔重要地位，也沒有很深的含
義，但它卻正好影射太后攝政的兩皇共坐

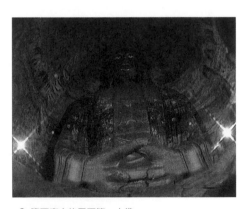

↥ 第五窟中的雲岡第一大佛

【《肘後備急方》】
　　東晉葛洪的醫學著作，八
卷,七十篇。書名取自常備肘
後以應急之意。書中收集了大
量救急用的方子，皆為他在行
醫過程中收集和篩選，改變了
以前的救急藥方不易懂、藥物
難找、價錢昂貴的弊病。他尤
其強調灸法的使用，用淺易語
言清晰明確地注名了各種灸的
使用方法。書中收載了多種疾
病，其中很多是珍貴的醫學資
料。如對天花症狀及其危險
性、傳染性的描述十分精確，
為世界最早的記載。

【滋陰派】
　　「金元四大家」之一的朱
丹溪針對當時統治者生活奢靡
浮華，身體陰精虛損所創的學
說。他認為人體「陽常有餘，
陰常不足」，這是對劉完素的
火熱論、李杲的脾胃論的又一
重要發揮。既然相火是支持人
體生命活動的主要動力，相火
妄動，陰精耗損，對生命的消
耗極大。因此，他要求人們節
飲食，減嗜欲以制「相火」之
動。既不妄攻，又不蠻補，而
是對張子和與李杲的學說加以
採和折中，力主滋陰療法，並
創建了許多流傳後世的著名方
劑。其主要觀點收錄於著作
《格致餘論》、《丹溪心法》、
《局方發揮》等，他的學說可
以說是四大家中的集大成者。

一把朝椅的現實，而且當中不含譏諷。

雲岡中後期的龕刻，多出現兩佛並坐龕，有的甚至列為主窟主像。然而這也只能是隱喻當時的政治局面，並不冠冕堂皇。在北魏許多宮禁中，以控制母后參政最為嚴重，然而在馮太后身上，宮禁毫無作用。操縱了兩朝政治實權的馮太后，已不滿足於在宮中作威作福，她的勢力已經越過宮牆，投射到了雲岡的石壁上。在馮太后的關注下，雲岡石窟開鑿到第六窟時，進入了極盛時期，第六窟的石刻，都在後室，平面呈方形，中間有中心塔柱，中心塔柱高大挺拔，高14.4米，佔據了窟內的主要空間，下層五佛與上層的四佛，雕工極為精美，形成了一種濃郁的佛國氣氛。

洞中的飛天面容清秀，體態修長，身體彎曲自然，飄逸優美。窟內布局完整，人物形象眾多，雕飾華美秀麗，其中的佛傳故事，多達三十多幅，是中國石窟群中，現存最早的有關宗教的石刻連環畫。

有一幅畫面講了一個神奇而有趣的佛傳故事，內容是釋迦牟尼的前世悉達多王子是怎樣出生的，他的母親懷胎十月，準備回國生產，在經過藍毗尼花園休息時，太子卻神奇地從胳膊底下突然降生，王子的提前出世，把途中的四個侍人，忙得不亦樂乎。

而另外一幅畫面則是騎象回城的佛傳故事。悉達多王子出生，他的父親淨飯王聽到消息後，騎著大象接太子回城，畫面中，國王雙手高舉太子，仔細端詳，前面有雅樂，後面有侍從，表現了喜迎太子的喜悅場面。

三十多幅畫面，主題突出，情節生動連貫，在石窟雕刻史上獨樹一幟。

第六窟也是雲岡石窟中保存較好的一個，是最富麗堂皇的一個洞窟。

與第六窟同時開鑿的還有第五窟，雲岡第一大佛，就刻在這個洞窟之中，佛像高17.7米，佔據著窟內三分之二的空間，此窟以其宏偉的造像，廣大的洞窟，泥彩的裝飾，在雲岡石窟群中顯得異常壯觀。

雲岡的佛像，繼承了印度佛像的風格，而印度佛像由於受希臘藝術的影響，佛像大多有一幅所謂的希臘式的鼻子，北魏的工匠們，對這種彎扭的鼻樑，怎麼也看不習慣，他們稍作藝術加工，希臘鼻馬上變成極富鮮卑人色彩的方鼻梁。

就在工匠們一點一點的改動中，佛像加速了它中國化的進程。

<2> 石像中的千古之謎

雲岡石窟是歷史的產物，它記載了歷史的風範，保留了時代的精神，但同時它也丟失了歷史的許多謎底，而只留下了難解的謎面。

看似平靜的十三號洞窟，卻引起了一場不小的風波。洞窟內有一尊菩薩像，她端坐在方座之上，兩腳相交垂在地上，屈膝自然，造型雕工細緻，奇特優美，引人

【攻下派】

「金元四大家」之一的張從正始創。學術上，他精於《內經》、《難經》、《傷寒》，對於疾病的認識很有獨到見解。認為治病應著重祛邪，祛邪即補正，創立了獨特的「汗、吐、下」攻下法。這並非單純的發汗、嘔吐、泄下三種具體治法，而是分別代表著三類驅邪外出的途徑。汗法，指用藥發汗，以及用針灸、洗薰、熨絡、推拿、體操、氣功等方法達到祛除表邪目的的方法；吐法，不單指摧吐，凡豁痰、引涎、催淚、噴嚏等上行的治療方法都屬此類；下法，不單指泄下，其他像行氣、通經、消積、利水等能夠驅除裏邪的方法亦盡屬此類。因此，此三種祛邪法，實是中醫理論「扶正祛邪」大法中以祛邪為主的內容。祛邪以扶正，對於實證陽證這種方法也是非常奏效的。

■ 陶淵明

（三六五—四二七）名陶潛，字淵明。東晉末、南朝宋之間詩人。其「田園詩」、高潔孤傲的人格和「桃花源」的理想，以及詩意情趣，對後世文人士大夫產生多方面的影響。有《歸去來兮辭》。

■ 迦梨陀沙

（Kalidasa，四—五世紀）印度著名的劇作家。著名作品有《沙恭達羅》等，被稱為「印度的莎士比亞」。

注目，佛像高十三米，頭
戴寶冠與窟頂相連。

一九八六年，佛像右
腳面上泥土自然剝落，隨
著塵土的掃盡，佛祖的平
靜生活被凡人的喧囂打破
了。有一位對石窟文化頗
有興趣的遊客，在遊覽時
驚訝地發現，佛教右腳面
上裸露出了兩塊棕黑色雜
石，這引發了他的想像。

● 佛像有著鮮卑人的方鼻樑

這座佛像是不是史學家們苦苦尋找的興安石像呢，如果不是，那這兩
塊黑石又是誰加上去的呢？

史學家在苦苦尋找的興安石像，有遊客猜測雲岡石窟的這座佛
像，是不是興安石像，興安石像它到底是什麼？

李雪芹：興安是北魏的一個年號，《魏書》上是有明確記載興安
石像的，《魏書》上記載說皇帝下了一道詔書，讓有司（「有司」，是
古代對各部門官員的統稱）去造佛像。佛像造的過程，要仿照皇帝的
形態去做，然後這個佛像做成以後，確實和當時的皇上，特徵相似，
包括它的臉上、腳上，都有黑痣。正好在這個佛像的腳背上，發現了
兩顆不規則的褐色的「石結石」，八〇年代中期兩位文物工作者，通過
對洞窟進行詳細的調查之後，認定十三窟這尊菩薩像就是興安石像。
這篇文章發表以後，在學術界引起了不小的一個爭論，到底是不是興
安石像呢，現在還不能形成一個定論，因為這尊佛像的面部，在清代
用泥塑包住了，臉上到底有沒有黑痣，現在還不得而知。

也不能鑿開看？

李雪芹：文物有它的原則性，不能鑿開去看。是不是興安石像，
現在沒有形成定論。

但是在雲岡石窟中，有佛像腳上是有黑痣黑石頭的，雲岡石窟佛

像腳上的黑石頭是什麼？

李雪芹：這種現象地質學家認為，岩石在形成過程中，是一種非常自然的結核，石窟裏的其他洞窟，也有這樣的結核形成。

對於雲岡石窟的研究，它的難度在哪裏？

李雪芹：目前感覺最強烈的，就是史書上的記載比較匱乏，這可能和鮮卑民族，有很大的關係。鮮卑族是個游牧民族，從它本身來講，並不重視文字工作，這個民族是有語言沒文字，在記錄上有困難，特別是在平城定都以後。雲岡石窟的開鑿，在史書上也只是《魏書‧釋老志》上，有一段比較明確的記載，而其他的詳細的記載就比較少了。北魏平城時期的佛教，只有通過解讀雲岡石窟來找到一

⬆ 雲岡石窟第五窟南壁拱門西雲浮雕的菩薩立像（素描）

些答案，不像洛陽龍門石窟，它有《洛陽伽藍記》對洛陽時期佛教發展的概況，做了非常詳細的描述，而雲岡石窟呢，就缺乏這方面的東西。另外，就是說雲岡石窟地處塞外，比較偏僻，而且歷年處於兵家必爭之地，戰亂比較多，歷史上的文人墨客去那裏吟詩賦畫的機會，也相對要少，留下來的遊記也比較少。

<3> 從石窟發現歷史

　　北魏首都舊時的民俗風情，如今已蕩然無存。我們只能依賴雲岡石窟中保留的石刻，來復原部分當年的歷史片段了。

　　第十二窟，窟內的石壁上，正舉行著一場大型的音樂會。奇怪的是，音樂會上用的樂器，既不是印度佛教傳統的宗教樂器，也不是漢族宗廟祭祀或隆重慶典所用的雅樂，而是游牧民族慣用的馬上樂器，這些羌笛、羯鼓、胡笳、琵琶，儘管與佛教慶典不太協調，但鮮卑人在民族心態的驅使下，大膽地用本民族的偏好和自身的文化傳統，取代了其他文化，以平衡自己的心態。

　　十二窟又被稱為佛來洞，它氣勢磅礴，場景壯麗，在全國石窟中，是罕見的作品。此洞的主題原意，是佛教慶祝釋迦成道、設音樂舞蹈組成慶祝大典，但它的藝術形象與實物素材，卻取材於現實生活，所以這些音樂舞蹈的形象，再現了一千五百年前，中國北方少數民族若干的文化狀況，完整而生動地保留了北魏時期人的文化景觀。

　　在佛教慶典上，音樂與舞蹈二者，舞蹈又是主要的，音樂為伴舞而設。佛來洞舞蹈飛天的風格，是濃厚的北魏前期風格，其服飾多為袒上身，掛纓絡，赤腳，這是一種佛化了的北方民族服裝，有天竺的味道，也有西涼的味道，更多的則是鮮卑人從大興安嶺帶來的東北鄉土氣息。其舞姿基本是飛天形狀，舞蹈發展到能用大型樂隊伴奏，是文化發達的一個標誌。樂妓們所持樂器約有十餘種，四十餘件可以辨認。凡是需要設架懸掛或放在桌上的樂器，和不是騎在馬上演奏的，都不被採納。

　　第八窟拱門兩側的三頭八臂騎牛像，與五頭六臂騎鳥像，是中國石窟中罕見的藝術珍品，這些印度來的神仙，在北魏工匠的手下，變得造型奇特，生動無比，令人驚歎不已。

　　洞窟頂部浮雕精美無比，圍繞著中心蓮花，飛翔著美麗的飛天。它們姿態優美，極富動感，石頭的粗硬笨重，被工匠們高超的技藝，

化成了柔軟優雅。

雲岡石窟的價值無比珍貴，它透過時空，連接著歷史與現在。

西元四九四年，是鮮卑人歷史上一個困惑的年代，他們被禁止使用鮮卑語言，不允許穿著本民族的服裝，連自己的名字也要被改成與漢人相近的名字，死後也不准葬在首都大同。這一切都源於孝文帝做出了一個重大決定，決定把都城由大同遷到洛陽，為此他實行了一系列的改革鮮卑舊俗的措施，這樣是為了讓鮮卑貴族擺脫保守思想的束縛，更是為了加強對中原人民的統治。

↑ 第十二窟石壁上的音樂會 1

孝文帝的改革，給大同帶來的是一系列的變化，朝中的改革派以為是前進，而保守派卻視為倒退，這是一個民族在發展過程中不可避免的矛盾。

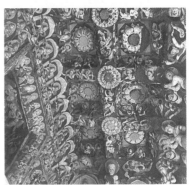

↑ 第十二窟

為了遷都洛陽，孝文帝不惜廢掉了太子元恂，廢他的原因，就在於他反對南遷。改革與保守兩派勢力在遷都洛陽的問題上，產生了激烈的衝突。元恂在策劃逃歸故都時被捕獲，孝文帝不顧父子之情，親自杖責元恂，打得元恂一個多月都沒有從床上爬起來，然後又把他廢為平民，吃的都是粗茶淡飯，最終元恂還是被毒死了，死時年僅十五

↑ 第十二窟石壁上的音樂會 2

⊕ 第十二窟石壁上的音樂會 3

⊕ 第十二窟石壁上的音樂會 4

⊕ 第十二窟石壁上的音樂會 5

⊕ 第十二窟石壁上的音樂會 6

⊕ 第十二窟石壁上的音樂會 7

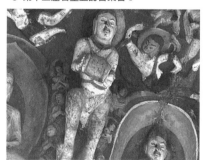

⊕ 第十二窟石壁上的音樂會 8

歲,死後也只是用一口粗糙的棺材草草掩埋。

　　父子的情感在國家利益面前,顯得那樣的微不足道。

　　政治的風雨波及到了雲岡。

　　第三號洞窟在開鑿的過程中,深刻地反應著北魏的這段歷史。當

⬆ 第十二窟石壁上的音樂會 9

⬆ 第十二窟石壁上的飛天 1

⬆ 第十二窟石壁上的音樂會 10

⬆ 第十二窟石壁上的飛天 2

時一度極盡繁華的雲岡，已變得異常淒涼，保守派決定通過恢復雲岡的造像，來排遣他們壓抑的心態。大同一些留守的官吏和當地的百姓，開始開鑿第三號洞窟，但限於財力、物力、人力，工程並沒有完工，只留下了一個空空的洞窟。雲岡第三窟的窟形，不僅在雲岡石窟群中顯得奇異，在中國所有石窟群中也是絕無僅有的，它不僅窟型特別，洞窟與窟內造像也很不協調，現存的三座塑像，可能是唐朝初期補刻的，一佛二菩薩，佛像高十米，端莊豐滿，氣質渾厚，衣紋輕薄貼體，菩薩面容親切，形體豐碩，具有典型的初唐造像的藝術風格。

　　第二十一窟至第四十五窟，是雲岡石窟的晚期工程，造像的內容也簡單化了，形式也趨於城市化，已經失去了雲岡石窟恢弘華麗的皇家風格。

　　孝文帝看到，許多上層的貴族非常留戀舊時的都城大同，孝文帝特別允許他們冬天的時候，在洛陽理朝，夏天的時候回到大同避暑，這一深受歡迎的休假制度，使朝中的大臣們頻繁地來往於洛陽和大同之間，中原的先進文化，也被他們帶到了大同。

⬆ 第八窟拱門兩側的三頭八臂騎牛像

　　此時，雲岡的許多佛像都是中原式的，褒衣博帶，面像清瘦，細薄，削肩，呈現出一派清秀俊逸的南朝景象，人們稱之爲秀樸傾向。

　　這種典型的中原風格，與早期石窟渾厚純樸的西域情調已經截然不同，它們一起構成了雲岡石窟絢麗多彩的藝術風格。

⬆ 第八窟拱門兩側的五頭六臂騎鳥像

　　儘管雲岡石窟晚期的開窟造像，發洩出了大同官吏和百姓的一種情緒，但改革派與保守派之間的矛盾，並沒有得到解決。留居北方的反對勢力，日益凝聚，終於在西元五二三年，爆發了起義。

⬆ 第八窟頂部浮雕

　　雲岡的餘輝工程也就不能繼續，第三窟剩餘工程，也就只好留下空白，而遺憾永世。

　　雲岡的整個開窟造像工程也就完全終止了。

　　一度輝煌的雲岡石窟，自北魏滅亡之後，就漸漸被世人所冷落，隋唐大興崇佛建寺時，這裏處於突厥侵擾地帶，以後的許多少數民族政權，在閒暇之時，也給它整一整遺容，但不久後，它又被蒙古人的鐵馬金戈所踐踏。明王朝只注意這裏是重鎮，而無心鑒賞這種石窟文化，滿清開始還對它做過整修，但由於這一地區所盛行的大乘佛教與

清朝倡導的喇嘛教派格格不入，雲岡石窟最終
又被朝廷冷落，至此沒沒無聞，又二百多年。

上千年過去了，石窟中的佛像因受到水的
侵蝕，出現了風化的現象，每到降雨季節，窟
內都會出現滲水，有些地方的岩體也出現了較
大的裂縫。

一九六一
年，雲岡石窟被
博物院公布為第
一批全國重點文
物保護單位，四
十一年後，它與
西藏布達拉宮世
界遺產擴展項目
「羅布林卡」一
起，被聯合國教
科文組織列為
「世界文化遺
產」。

↑ 第三窟

雲岡石窟是
非常有研究價值
的，現在我們的
保護措施，都有
哪些？

↑ 第三窟唐代補刻的佛像

李雪芹：
從解放以來，雲
岡石窟一直得到
了黨和政府的高
度重視，在文物

↑ 第二十一至第四十五窟

【補土派】

「金元四大家」之一的李
杲創始。其著作《脾胃論》十
分強調脾胃的重要作用，因在
五行中脾胃屬於中央土，故得
名。其核心論點是：「脾胃內
傷，百病由生。」他還將內科
疾病系統地分為外感和內傷兩
大類。對於內傷以脾胃內傷最
為常見，其原因有三：飲食不
節、勞逸過度、精神刺激。脾
胃屬土居中，與其他四臟關係
密切，不論哪臟受邪或勞損都
會傷及脾胃。各臟器的疾病也
都可通過脾胃來調和濡養。但
他絕不主張使用溫熱峻補的藥
物，而是提倡按四時之規，對
實性的病邪採取汗、吐、下的
不同治法。

【寒涼派】

「金元四大家」之一的劉
完素始創。在理法上，他十分
強調「火熱」之邪治病的重大
危害，因此，後世稱其學說為
「火熱論」；治療上，他主張
用清涼解毒的方劑，故後世也
稱他作「寒涼派」。他醫術高
超，仔細研究《黃帝內經》中
關於熱病的論述，提出了使用
寒涼的藥物來治療當時橫行肆
虐的傳染性熱病的主張，結果
療效非常驚人。

保護方面，做了幾次比較大的工作，第一次就是一九七三年，周總理陪同法國總統龐貝度來雲岡石窟參觀的時候，當時的文物部門做了規劃，就是用十年時間把石窟修好，總理聽了規劃以後說，十年太長了，三年吧，於是就遵照總理的指示，從一九七三年到一九七六年，進行了三年大規模的石窟維修，當時主要的工作是解決石窟岩石的穩定性，因為很多懸石要掉下來，主要是把掉下來的岩石讓它歸位，掉在地上的，再把它黏上去，用高分子化學材料把一些快要掉的黏接起來。通過這三年的工程，基本上解決了雲岡石窟岩石的穩定性問題。另外一次是為了配合雲岡石窟申報世界文化遺產，從一九九七年開始，國家和省、市政府斥鉅資，在雲岡石窟窟前進行了一〇九國道的改線工程。這個一〇九國道，以前從石窟前大約二百米遠的地方穿過，因為大同是煤都，煤炭運輸基本上靠汽運，這條公路，擔負著非常繁重的運輸任務，我們當時測算，它的日通行量可以達到一萬輛車以上，煤掉下來以後，汽車再碾碎，然後再揚起來灰塵，通過空氣慢慢地傳送出去，使那個很細的煤灰，都落到了佛像的身上，對佛像造成了非常大的危害。為了從根本上解決這個問題，一〇九國道進行了改線，這在中國歷史上是第一次，為了全國重點文物保護單位而國家的國道進行改道。這個公路改線以後，對雲岡石窟的保

⬆ 雲岡晚期具有秀樸傾向的佛像 1

⬆ 雲岡晚期具有秀樸傾向的佛像 2

⬆ 雲岡晚期具有秀樸傾向的佛像 3

護，可以說是具有非常好的作用。就是從最根本上解決了煤灰落到佛像身上的問題。現在呈現在大家面前的，是一個非常優雅的環境。

雲岡石窟的價值，至今還沒有被我們完全認知，它最大的謎就是鮮卑這個失落的民族，到底有著怎樣的歷史文化，透過雲岡石窟微弱的氣息，能否傳遞出復原的千年以前北魏王朝的社會與歷史風貌？

那深藏於石像中的謎底，恰恰也是雲岡石窟最大的魅力。

<4> 伊洛間的奇蹟

西元四九三年秋天，北魏孝文帝率領著文武大臣及二十萬大軍，離開了都城平城，浩浩蕩蕩地南下，親征南朝，歷經兩個多月，到達了洛陽。

此時的洛陽，秋雨連綿，軍隊也是人困馬乏，但孝文帝執意還要繼續前行，文武大臣一起跪在馬前哀求，阻止他繼續向南進軍。這時，孝文帝看到，遷都的時機已經成熟了，便將計就計，乘機宣布了遷都洛陽的正式命令。

篤信佛教的孝文帝，在遷都的同時，沒

有忘記把佛教的發展中心也轉移到洛陽來，他組織修建僧廟、寺院，在此前後，還在洛陽以南的龍門伊水兩岸，依山開窟造像。

一個神奇的大型石窟群——龍門石窟開始創建。

龍門石窟位於河南省洛陽市以南的龍門口，龍門史稱伊闕，隋朝建都洛陽後，因皇宮的城門面對伊闕，因而改稱爲龍門。這裏東西有香山和龍門山兩座大山對峙，猶如天然屏障，巍然屹立在伊河兩岸，馳名中外的龍門石窟就開鑿在這裏。

是什麼人，又是爲什麼，要選擇在洛陽龍門開鑿石窟呢？根據龍門石窟中現存的造像題記來看，問題的答案應該與歷史上著名的北魏王朝遷都洛陽，和北魏皇家崇尚佛教，以及孝文帝擁有忠孝思想有很大關係。

在鮮卑族建立的北魏王朝，一直有鑿石爲廟的傳統，每當新的皇帝即位，都會給新的帝後開鑿石窟雕鑿佛像，北魏王朝南遷洛陽之前，在舊都平城，即今天山西大同一帶，就已經開鑿了雲岡石窟。

北魏王朝之所以如此鍾愛鑿石爲廟，除了鮮卑族所具有的石窟情結之外，石窟佛像的易於保存，岩石長久，恐怕也是其中的原因。

北魏王朝，又是歷史上宮廷、皇家崇尚佛教達到極盛的時期，北魏帝王從道武帝拓跋珪開始就信奉佛教，爲使出家人有禮佛的地方，他便在平城一帶建立寺塔、佛像，到了魏孝文帝遷都洛陽之後，在漢文化的影響下，佛教學說經過孝文帝提倡而逐漸發揚光大。佛教也迅速發展起來。當時在洛陽以及北方各地，都掀起了一個興建寺院、佛塔和開鑿石窟、雕鑿佛像的高潮。京都洛陽已成爲當時中國佛教的中心。平城的佛教衆僧、能工巧匠，也都聚集到了洛陽，開始爲北魏皇室貴族大規模開鑿、雕鑿新的造像，這便是龍門石窟的誕生。

龍門石窟的開鑿，除了上述兩個原因之外，據說還受到孝文帝忠孝思想的影響，孝文帝從小由他的祖母馮太后撫養，馮太后是個漢人，漢文帝從她那裏，接受到了極深的漢文化教育。馮太后死後，孝文帝爲她守孝三年，之後才開始爲南遷做準備。遷都洛陽後，孝文帝在龍門開鑿石窟，以永久紀念馮太后。

同是由北魏王朝開鑿的石窟，洛陽的龍門石窟和大同的雲岡石窟，

到底有什麼關聯呢？隨著北魏開鑿造像活動大規模地由雲岡轉移到龍門，龍門石窟的造像雕刻，也繼承了雲岡石窟的藝術風格。從造像題材來看，雲岡石窟以三世佛為主佛。三世佛是指佛祖過去、現在、未來的三種形態。此外，釋迦、彌勒和千佛，都是一般習禪僧人坐禪觀想的主要對象。而龍門石窟整個北魏造像也大體是這種思想的繼續。

與大同雲岡石窟時代較早的時代相比，龍門石窟北朝時期的石刻，又顯示出了較大的進步。雲岡早期石窟的雕刻手法，概括洗煉，整體感強，但所採用的雕法比較平直，缺乏骨肉

↑ 龍門石窟1

↑ 龍門石窟2

↑ 龍門石窟3

↑ 雲岡石窟的佛像

【《本草經集注》】
　　繼《神農本草經》之後的第一部藥學專書，南朝陶弘景(通明)編寫。約成書於五世紀末。原書已佚，今僅存其若干斷簡殘編。該書在《本經》三百六十五種藥物的基礎上又加入了三百六十五種，大大擴展了可供使用的藥物種類。他開創了一種新的藥物分類法，按玉石、草木、蟲獸、果、菜、米食及有名未用等七類進行劃分。較《本經》的「三品」分類法，更便於使用者的查詢與對藥物的總結，故得以沿用千餘年。書中對藥物的性味、產地、採集、形態和鑒別等方面的論述水準，也較以前論述有了顯著提高。

【獨輪車】
　　其創始者據說就是三國時的蜀相諸葛亮。它的前身為木牛流馬。這種獨輪車在北方漢族與排子大車相比身形較小，俗稱「小車」；在西南漢族用它行駛時「嘰咯嘰咯」響個不停，俗稱「雞公車」；江南漢族因它前頭尖，後頭兩個推把如同羊角，俗稱「羊角車」。其中女子婚後回娘家用的就是這種獨輪車，丈夫推著車子，妻子坐在上面，就這樣兩人雙雙把家還。獨輪車在當時因其經濟實用而得到最廣泛的運用，這在交通運輸史上是一項十分重要的發明。

肌膚的質感，主像大都威嚴冷酷，使人望而生畏。龍門石窟的寫實能力大大加強，洞中的釋迦微露笑意，衣飾由偏袒右肩和通肩式，變成了漢族的褒衣博帶式。

⬆ 龍門西山蓮花洞附近崖面

北朝佛像是門閥氏族審美理想的體現，它以清瘦的外貌和睿智的表情為特徵，有的造像繼承了雲岡的現實利益，就是造帝王的模擬像。統治者希望作為神的化身，來永遠統治人間。

龍門石窟前後修建了多長時間？史書上記載，龍門石窟始建於北魏太和十七年，也就是西元四九三年。自從北魏孝文帝遷都洛陽後，龍門就成了開窟造像的場所，歷經東魏、西魏、北齊、北周、隋唐諸朝，直到明代還有零星的雕鑿。

歷史上龍門石窟的開鑿，經歷了兩個興盛時期，第一個興盛時期是北魏年間，第二個興盛時期，便是進入唐代以後的一百年間。

<5> 石刻藝術博物館

龍門石窟，是中國目前保存比較完整的大型石窟群，據不完全統計，現存大小窟龕二千多個，佛塔六十多座，造像十萬多尊，碑刻題記二千八百多塊。

可以說，龍門石窟是一處精深博大、涵蓋豐富的石刻藝術博物館，是中原北方三大石窟群之一，它與敦煌莫高窟、大同雲岡石窟，並稱為中國三大藝術寶庫。

龍門石窟的釋迦牟尼和彌勒佛是整個建築當中的主尊，這兩尊佛

在龍門石窟當中，哪個佔的比例更多？

↑ 古陽洞中為供奉孝文帝而建的佛像

馬世長（北京大學考古系教授）：應該說釋迦牟尼和彌勒是石窟當中比較流行的題材，但是從總體看，不同時期它的主尊的情況是有所變化的。在北朝階段，釋迦牟尼所佔的比例要大，這個

↑ 古陽洞中為供奉孝文帝而建的佛像的題記

從題記當中可以看出來，根據統計數字，它佔的比重比較大。在北朝階段，彌勒的題材，應該說也佔有很大的比重。到了隋唐以後，洞窟裏面主尊的形象，發生了一些變化，主尊的內涵增加了很多，特別是「淨土觀念」，就是「西方淨土」的極樂世界，對這種淨土的信仰，到唐代以後特別流行，而且在民間影響很大，淨土裏面的主尊佛，就變成阿彌陀佛，所以說阿彌陀佛，在唐代洞窟佔的比例非常之大，但是釋迦的題材和彌勒的題材，這個時間仍有流行，但是它的比重和阿彌陀佛的形象相比，有所降低。

龍門石窟設計是隨意的，還是經過一些研究的，它獨特的規矩是什麼？

馬世長：石窟是兩個方面，一個是空間

《大明曆》

南北朝時期傑出的天文學家、數學家祖沖之編制。該曆首次引用了歲差，雖然數值精度不高，卻是中國曆法史上的一次重大改革。祖沖之《大明曆》中還採用了三九一年中設置一百四十四個閏月的新閏周，比古曆的十九年七閏更為精密。他推算的回歸年日數為365.24281日（現測值365.24220日），交點月日數為27.21223日（現測值27.21222日），這些數值與現測值都很相近。

【曹天度造千佛石塔】

北魏天安元年（四六六年）造。塔為方形重樓式，高約二米，由塔座、塔身、塔剎組成。塔座正面為浮雕二比丘供養摩尼寶珠和護法獅子，兩側為男女供養人各十。背面為題記，並有男女供養人各一。塔身為九層，最下一層四面中間開龕，龕內佛像較大。各層有兩排或三排浮雕小坐佛，俗稱千佛。塔剎，上為九重相輪，下為覆缽，四邊雕山花，中有一坐佛，覆缽下為一方閣，四面開龕，龕內各有二佛並坐。此塔為曹天度為亡父亡子所造，是研究早期佛教發展和塔的演變的可貴資料。塔座與塔身現藏於臺北歷史博物館，塔頂仍保留在朔縣文化館。

的建築式樣，我們叫一個洞窟的形制，它的空間式樣，是根據它的宗教功能來決定的。在北朝階段，很多地方有一個方形的柱體，在柱子上面開了很多龕，龕裏造像，這種洞窟我們叫中心洞窟，這是一種特殊的形制；而在龍門石窟，這種中心柱窟沒有發現，或者沒有使用。另外從洞窟的空間樣式看，龍門很多都是一種方形的洞窟，這種方形的洞窟，我們通常叫做佛殿窟，它的作用和寺院裏面的佛殿非常相似，它基本上是把佛像安排在正壁和側壁的一些龕裏面，或者沒有龕，貼壁把像造出來，這種空間的樣式，應該說不同的時期，流行不同的樣式。而造像的情況，在一個主像的兩側我們經常可以看到，最早的像裏有兩身脅侍的菩薩像，到後來又發展，增加兩身弟子像。唐代以後，普遍增加了兩個天王、兩個力士，造像群的組合不斷發生變化，這是由於時代不同，它有不同的特點。這些都是由它所表現的宗教——佛教內容來決定的。當然也有不同時期本身具有的一些特點發生變化所決定的。

它不是隨意的，而是有一定講究的。

從孝文帝遷都洛陽到孝明帝時期的三十五年間，是龍門開窟雕鑿佛像的第一個興盛時期，這一時期開鑿的洞窟，大多集中在龍門的西山，約佔龍門石窟造像的三分之一，其中最著名的有古陽洞、賓陽三洞、藥房洞等十幾個大中型洞窟。在龍門石窟群中，開鑿最早的是古陽洞。

古陽洞位於龍門西山以南，是利用天然石洞耗時十餘年，修鑿而成的，窟內供奉的主佛，是佛祖釋迦牟尼，南北兩壁上下，各有三列佛龕，每列分別爲四個相互對稱，而又富於變化的大龕。這座大龕的龕楣上，雕刻著一套完整的佛傳故事，表示了悉達多太子成道的過程。悉達多，是釋迦牟尼爲世俗太子時的名字，這套雕像不論在情節上還是構圖上，都是經過精心構思和設計的，顯示了北魏時期能工巧匠豐富的藝術想像力和嫻熟的藝術表現力。

石窟中的佛像，都是信徒們所奉獻的，每尊佛像上，都記載著敬

奉者的祈願經過。從這些造像中可以看出，古陽洞是北魏皇室貴族發願造像最集中的地方。這裏有爲供奉孝文帝而建的佛像，雖然殘破仍可看到佛像面部表情的安詳，它的祈願者名叫楊大眼，是漢族人，曾率兵與鮮卑族進行過戰爭，銘文中記載，他爲北魏孝文帝所創造的功績所感動，因此特爲孝文帝雕一石像以頌其德。

這樣的題記在龍門石窟，有兩千多塊。其中在古陽洞中就有近五百塊，而最著名的龍門二十品，有十九品都刻在這裏。

龍門二十品，是書法界從龍門魏碑石刻中精選的二十塊造像題記，被書法家稱之爲魏碑精品，這些題記和題名，

◀ 龍門石窟的古陽洞 1

◀ 龍門石窟的古陽洞 2

◀ 龍門石窟的潘陽三洞

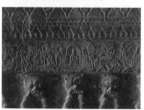

◀ 古陽洞的三列佛龕

◀ 古陽洞佛龕龕楣上的佛傳故事

◐ 賓陽中洞

◐ 賓陽中洞北壁：過去時佛

◐ 賓陽中洞中間：現在時佛

◐ 賓陽中洞南壁：未來時佛

不同程度上具有書法藝術的價值，爲後人研究民族、姓氏、地名、官職、造像題材、文字演變等提供了極好的資料。

　　北魏時期開鑿的主要洞窟，還有賓陽三洞，賓陽三洞是北魏景陵元年開鑿的，魏宣武帝爲超度父母在此造像，共有南北中三個洞，因此叫賓陽三洞。中洞歷時二十四年，用了二百八十萬人工，南北兩洞到唐朝初年才完成。賓陽中洞所供奉的是三世佛，北壁是過去佛，中間是現在佛，南壁爲未來佛，這是釋迦牟尼的三種形態，主佛兩邊各有兩個弟子和菩薩侍立，左邊是迦葉和文殊菩薩，右邊是阿難和普賢菩薩，佛和脅侍面相都清瘦略長，衣紋折疊規整而稠密，體現了北魏造像的藝術特點。

　　在北魏晚期，還開鑿了一些很有特點的洞窟，如蓮花洞、火燒洞、皇甫公洞、魏字洞等，其中比較著名的就是藥方洞，藥方洞因

其洞窟內刻有大量的古代藥方而得名。藥方洞開鑿於北魏晚期孝明帝年間，直到北齊文宣帝時期才終於完善，是龍門石窟中唯一具有北齊造像的較大洞窟，從窟內三十座造像題記的年號來看，自西元五二〇年至西元一〇二六年，經歷了北魏、北齊、唐代，宋代上下達五百多年的修造。

在藥方洞拱門通道北側的兩壁面上，雕刻有北齊武平六年，也就是西元五七五年，一位叫道興的人的造像題記，他在藥方洞中造

◆ 蓮花洞之南壁1、2、7、11龕

了不少石像，在一塊碑文上寫道，「若不勤栽藥樹，無以療茲聾瞽」，他的意思是，出資開窟造像，猶如勤栽藥樹一樣，能解除人們的災難困苦，治療耳聾眼瞎等疾病，就在這塊碑的邊沿上，刻有許許多多的藥方，藥方的字體與碑文的字體差異很大，很有可能是在北齊以後，有人把道興的碑當做了序言，於是將藥方刻在了它的邊沿，令人驚歎的是，這些藥方還能治療現代人所說的疑難雜症，比如消渴，也就是糖尿病，有一方是頓服烏麻油一升，另一方是黃瓜根、黃連等成分，搗末蜜和，丸如梧子，食後服十丸，以差為度。再如治療腹脹滿，如食經年不損者，指現在的肺癌、肝硬化，肚內結塊的腫瘤病，有一方是白楊樹東南枝，去蒼護風，細削五升，熬令黃，酒五升淋訖，即以絹袋盛渣，還納酒中，密封再宿服，每服一盒，日三。像這樣的石刻在藥方洞中，共有一百四十首，治療病名四十例，治療的範圍涉及內科、外科、婦科、小兒科等，藥方裏面有針灸療法二十一首，製劑方法有散、丸、膏、湯及外敷，所記載的藥達一百七十三種之多。

據考證，這些藥方比唐代醫學家孫思邈的千金藥方還要早，那麼這些藥方是怎麼來的呢？據考證，龍門藥方的來源很可能是禪居於龍門寺院的僧人，將其搜集到的藥方中重要的和平時常用的，作為一種膳食，刻在

● 龍門石窟的藥方洞

● 龍門石窟的藥方洞內部 1

● 龍門石窟的藥方洞內部 2

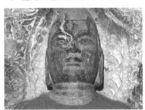

● 龍門石窟的藥方洞內部 3

● 藥方洞內的道興碑

了藥方洞中，　以便讓那些朝聖者相刻，和供奉禮佛時，按病索方治療疾病。

刻方者的用意十分微妙，他是在借藥方的靈驗，來宣揚佛的神靈，如果你取得藥方治癒了疾病，還得感謝佛祖顯靈，如果服藥不應，那就是對佛心不誠了。

北魏王朝在洛陽龍門開窟造像活動的終結，是以賓陽中洞的庭宮為標誌的。西元五一五年，年僅五歲的孝明帝即位，朝政由他的母親福太后執掌，引起朝內眾多官僚的不滿，遂發動了宮廷政變。四年後，福太后才又重新返政。此時各地農民起義風起雲湧，北魏王朝無論在政治上，還是經濟上，都陷入了窮途末路。福太后只好在西元五二三年六月，倉促結束了開支龐大、曠日持久的賓陽洞營造工程。

北魏王朝在賓陽洞工程中途停止的第八年滅亡了，隨之龍門石窟第一次大規模的營造興盛時期，宣告結束。

北魏開鑿的窟龕，對以後的洞窟開鑿有怎樣的影響？

馬世長：應該說，從全國石窟開鑿情況看，北朝的前期，就是我們所謂的北魏時期，是中國石窟開鑿的第一個發展比較鼎盛的時期。當然這個時期最典型的、最重要的北魏石窟集中在兩處，一處是雲岡石窟，雲岡石窟的精華所在，主要是集中在北魏政權遷洛陽之前，北魏政權遷都洛陽之後，龍門

石窟就等於接替了雲岡石窟的地位，這就是說從雲岡到龍門，有一個前後延續的發展階段。由於佛教的藝術，佛教的文化，與政治、經濟的發展都有密切的關係。作爲都城洛陽，它既是一個政治中心，也是宗教發展中心，在佛教藝術方面，就會出現龍門石窟。龍門石窟的一些樣式，就會對當時的周邊地區其他石窟的開鑿產生影響，它的一些佛像的表現形象，以及它的一些特點，會被別的石窟所模仿。

龍門石窟的題記是非常多的，如非常有名的龍門二十品，但是有十九品就在古陽洞，是不是各個歷史時期的題記都寫在了古陽洞？

馬世長：題記的內容我們通常叫「發願文」，就是出錢修洞窟的施主，把他爲什麼要造這個像，他本人姓什麼，叫什麼，是什麼地方的人，他的心願是什麼，都反映在發願文裏面。發願文在西北地區，它寫在壁面上，在東部地區或中原地區，因爲石質比較好，就直接刻在石頭上，這就是我們所說的題刻，龍門由於保存了數量將近兩千八百多條這樣的發願文，而且有相當一部分書法水準很高，研究中國書法史的一些學者，非常看重龍門題記的資料，他們把其中最好的就選出來二十件，所謂的《龍門二十品》就是石刻題記在書法造詣上很高的精華的東西。

但是《龍門二十品》的分散情況是不一樣的，由於古陽洞這個洞窟，開鑿的時間比較早，施主很多都是地位比較高的貴族階層的人物，他們請的一些書寫發願文的人，書法造詣比較高，所以這批題記本身書法的價值就很高了。應該說北朝階段，特別是北魏時期最好的題記，主要集中在古陽洞裏面，但不是所有的題

◆ 蓮花洞

記。

隨著北魏王朝的滅亡，龍門石窟的開鑿趨於衰落，沉寂了將近一個世紀，直到唐王朝建立，龍門石窟的造像活動才逐漸復甦，龍門石窟迎來了歷史上開鑿造像的第二次興盛時期。這一時期開鑿的石窟按時間先後順序，大體自南而北，集中在龍門的西山，到了武則天時期，一部分才轉移到了東山，約佔龍門石窟造像的三分之二。龍門唐代石窟從規模上看，有七百個窟龕，最有代表性的洞窟有潛溪寺、萬佛洞、奉先寺、大像龕等，唐代開鑿的第一個洞窟，是位於龍門西山北端的潛溪寺，這時正是中國佛教淨土宗的建立時期，潛溪寺共有七尊大像，主尊阿彌陀佛，弟子迦葉與阿難，觀世音菩薩與大勢至菩薩，以及兩位護法天王。阿彌陀佛是佛教中淨土宗的主要信仰對象，是西方極樂世界的教主，潛溪寺的阿彌陀佛，結跏趺坐於方形束腰台座上，身體各部位比例勻稱，面部飽滿腴潤，完全是一位成熟女性形象。

觀世音是阿彌陀佛的左側脅侍菩薩，佛教中把觀世音描繪成救苦救難、大慈大悲的菩薩，到了唐代因忌諱李世民的名字，去掉世字，改稱觀音。阿彌陀佛，與觀世音、大勢至這二脅侍菩薩合稱「西方

三聖」，在龍門石窟中，像潛溪寺這樣
以西方三聖爲主題的淨土宗造像是
很普遍的。

　　唐代開窟造像，在唐高宗
和武則天時期達到了鼎盛。雖
然石窟造像屬於佛教藝術，
但它跟政治緊密相連。從龍
門許多唐代石刻造像中，可以
窺見武則天一步步走向女皇寶
座的蹤跡，比如說萬佛洞，這個
洞窟內，南北兩壁比較整齊地刻滿
了一萬五尊小坐佛，因此叫萬佛洞。滿壁

◯ 蓮花洞之窟頂蓮花

生輝的萬佛，和洞窟群像的雕刻相互映襯，使整座洞窟洋溢著佛祖
那令人敬畏的氛圍。萬佛洞完整的布局，與各人物形象的刻畫，極
富有世俗性，宗教的主題與皇帝即佛的創作意圖結合，在極大程度
上，營造了天國主宰即是人間君主的至高無上的氣氛。

　　在武則天當皇后期間，特別迷信彌勒，當時的高僧玄奘曾經說
過，天見彌勒佛下生的話，爲此，她在龍門廣造彌勒佛。以惠洞爲
代表的一些中小型洞窟，都是這時建造的以彌勒佛爲主尊的洞窟。

　　龍門石窟成千上萬的造像中，體形最大，形態最美，藝術價值
最高的，要屬奉先寺主尊盧舍那大像龕了。奉先寺位於龍門西山南
部的山腰上，是一個南北寬僅四十米的露天大龕，這裏共有九尊大
型雕像，都是依山鑿石而成，正壁造像五尊，中間爲盧舍那大佛，
左側爲弟子迦葉與文殊菩薩，右側爲弟子阿難與普賢菩薩，南北兩
壁各雕一個天王和一個大力士。盧舍那佛是道生佛的名字，也是對
佛眞身的尊稱。大佛通高十七米多，僅耳朵就長達1.9米，在佛經中

盧舍那是佛在顯示美德時的一種理想化身。中國古代的藝術大師們，賦予了盧舍那佛女性的形象，面容豐腴飽滿，修眉細長，雙目俯視，嘴巴微翹而又含笑不露。這些都可以看作是理想化的封建社會聖賢的象徵。

奉先寺大盧舍那像龕，是唐高宗及武則天親自經營的皇家開龕造像工程。爲此，武則天曾經於咸亨三年，捐出脂粉錢兩萬貫，當地傳說盧舍那大佛是武則天的化身，這九軀大像或文靜質樸，或飽經滄桑，或雍容華貴，或文或武，性格各異，錯落有致，這一切都本著一個主題，烘托盧舍那佛的至尊至上。從某種意義上講，便是烘托武則天的至尊至上。

傳說唐高宗上元年除夕，時值奉先寺竣工之日，武則天親自率領文武朝臣，駕臨龍門，參加主佛盧舍那的開光儀式。

龍門石窟在唐代的造像與北魏比較，有了很大的變化。在造像風格上，唐代的佛像雕刻富有更多的人情味和親切感。形體豐滿健壯，雍容華貴，象徵著唐代早期國勢的強盛和經濟的繁榮，在藝術上，唐代的圓刀代替了北魏平直的刀法，佛像衣紋更加流動飄逸，力士夜叉渾身肌肉突起，既符合解剖的原理，又適當加以誇

>>> 天·工·開·物 >>>

【虎子】

東漢以前稱「褻」，後因其形體類虎，改稱「虎子」，並一直沿用。最早出現於戰國，魏晉南北朝時大量使用。質地有漆、銅、陶、瓷等。三國始多爲瓷質。器身有虎形、仿虎形、繭形、圓體形幾種，一端有流，粗頸、大口，有的有提樑，有的前後各有一鈕。東吳始流行繭形器身，口部基本不見虎頭裝飾，提樑作奔虎狀，腹下有四肢，後口部堆帖虎頭的裝飾逐漸盛行，腰部收小，兩側刻劃飛翼，前後腿鼓出，四肢蹲伏，口部常作四十五度角上仰。東晉南朝時，虎的形象開始簡化。圓體形虎子出現於東吳，無虎形裝飾，平底，東晉南朝時盛行。其用途有三說：獸形爲水器圓形爲褻器；水器或飲器。

>>> 中·外·名·人 >>>

■虞喜
（二八一－三五六）東晉天文學家。東晉初年，肯定歲差現象的存在，並且首先主張在曆法中引入歲差。

■希帕蒂亞
（Hypatia, 三七○－四一五）羅馬帝國女數學家、天文學家，新柏拉圖主義哲學家。主張整合新柏拉圖主義和亞里斯多德思想而成名，學生和追隨者很多。

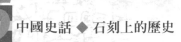

張，充滿雄強的氣勢和向外迸發的力量。龍門石窟開鑿的第二個興盛時期，結束於西元七〇五年前後，這一年武則天退位，同年去世。人們不再崇信天女下世的佛說，龍門石窟的彌勒造像也就日漸絕跡了。

龍門石窟的輝煌歷史，也伴隨著彌勒神靈的消失，從絢爛的頂峰跌落了下來。

武則天時期是以彌勒佛爲主像，當時全國各地的彌勒佛像，是不是以她爲範本來造的？

馬世長：應該說在武則天時期，彌勒是佛教造像的一個流行的題材。但是應該說在同時，佛教造像的主尊，還有其他不同的題材和內容，它是流行題材之一。實際上彌勒的造像，在不同歷史時期都有出現，它們的表現形式應該說有不同的特點。 但是到了唐代之後，基本上大的彌勒造像的樣式基本就固定下來了，我們叫倚坐的

◆ 蓮花洞之南壁第六十龕

形式，兩腿下垂的倚坐形式，特別是武則天上臺，有《大雲經》給她造輿論，宣揚她是彌勒的化身，將要做皇帝，這種政治氣氛和背景，對全國各地造大彌勒像的風氣，產生了比較大的影響，所以在武則天以後，我們在中國石窟當中，就會發現一些二十幾米高、三十幾米高，甚至七十多米高的這樣大的彌勒像。這些大像的出現，與武則天時期重視或者是推崇彌勒佛有些關係。

龍門石窟在世界石窟群中，是一個怎樣的位置？

馬世長：龍門石窟集中了當時全國同時期的其他石窟的很多樣式，作爲佛教文化的一部分，石窟裏面保存了多方面東西，它的宗教內涵，它的歷史、經濟、藝術、文化，在石窟裏面，都能夠體現出來。

北魏和唐朝兩個不同階段，不同的文化，不同的藝術水準，全都在這裏集大成了。

馬世長：應該說進入世界遺產，就是對它的價值的一種肯定。

龍門石窟自北魏開鑿以來，已經經歷了一千五百多年的滄桑歷史，它見證了中國歷朝歷代的演變，見證了中國佛教文化的發展，龍門石窟斷斷續續開鑿了四百多年，不同時期的能工巧匠，在龍門石窟創造出不朽的藝術作品。石窟內雕鑿出的內容豐富、造型精美的石刻造像，爲研究中國古代歷史、佛教、繪畫、雕刻、服飾、樂舞、書法以及建築等等諸多領域，提供了大量的珍貴資料，被稱爲「中國石刻藝術博物館」，與敦煌莫高窟、大同雲岡石窟合稱「中國三大石窟藝術寶庫」。

歷・史・大・事・年・表

西元前359─西元前338年	秦孝公任用商鞅開始變法。
西元前353年	齊威王派田忌為統帥，孫臏為軍師救趙，大敗魏軍。
西元前350年	秦將國都由雍遷至咸陽。

西元前344年	逢澤會盟。
西元前341年	馬陵之戰。魏軍大敗，魏將龐涓死於馬陵道。
西元前340─西元前278年	屈原在世。
西元前340年	秦伐魏，魏敗後遷都大梁。

西元前338年	秦孝公死，商鞅被害。
西元前333年	張儀入秦為客卿。
西元前322年	張儀回魏國為相。
西元前325─西元前299年	趙武靈王在位。

西元前317年	張儀說服魏襄王與秦結盟，張儀復歸秦為相。
西元前313年	張儀使楚，楚、齊絕齊。
西元前318年	韓、趙、魏、燕、楚五國攻秦，秦勝。
西元前313─西元前238年	荀況在世。

西元前311年	張儀使楚，楚秦結盟。
西元前299年	楚懷王被迫入秦會盟，被扣。
西元前296年	楚懷王死於秦。
西元前284年	燕昭王派上將軍樂毅聯合秦、楚、韓、趙、魏大敗齊國，攻下齊都臨淄。齊湣王死，法章繼位，為齊襄王。
西元前283年	藺相如完璧歸趙。

歷·史·大·事·年·表

西元前279年	齊將田單大敗燕軍。齊襄王返回臨淄。
西元前271年	范雎入秦,被秦昭王拜為客卿。
西元前266年	秦昭王拜范雎為相,廢太后,罷魏冉。
西元前266年	趙惠文王死,孝成王繼位,平原君趙勝為相。

西元前260年	秦趙長平之戰。趙敗。
西元前258年	秦攻趙。
西元前257年	魏信陵君竊符救趙,魏、楚、趙聯合擊退秦軍。
西元前256年	周亡。

西元前246－西元前221年	嬴政做秦王。
西元前238年	秦王嬴政親政。平叛之亂。
西元前237年	秦王嬴政免呂不韋相國職。
西元前230年	秦滅韓。

西元前228年	秦滅趙。
西元前227年	荊軻刺秦王,未中。荊亡。
西元前225年	秦滅魏。
西元前223年	秦滅楚。
西元前222年	秦滅燕。

西元前221年	秦滅六國,統一中國,分全國三十六郡。
西元前214年	秦伐取「南越」,設置南海、桂林、象、交趾四郡。
西元前214年	蒙恬率軍擊敗匈奴,收復河套地區,設立四十四縣。
西元前214年	秦派大量民工修長城。

歷·史·大·事·年·表

西元前213年	秦始皇發布「焚書令」和「挾書律」。
西元前212年	秦始皇派七十萬人修阿房宮和驪山陵墓。
西元前212年	秦始皇「坑儒」四百六十餘人。
西元前210年	秦始皇死於沙丘平臺。
西元前210年	趙高發動政變，逼死扶蘇，殺蒙恬、蒙毅，立胡亥。

西元前209年	七月，陳勝、吳廣起義。陳勝建張楚政權。
西元前209年	九月，劉邦起兵於沛。
西元前209年	九月，項梁、項羽起兵於吳。
西元前208年	陳勝被叛徒莊賈殺害。項梁立原楚懷王的孫子為楚懷王。

西元前207年	巨鹿之戰。項羽率兵大敗秦軍，被推為各諸侯的上將軍。
西元前207年	趙高殺秦二世，立子嬰，反被子嬰誅殺。
西元前206年	劉邦至灞上，子嬰降，秦亡。劉邦入咸陽，派兵守函谷關。項羽派英布攻破函谷關。
西元前206年	項羽在「鴻門宴」中放走劉邦。項羽入咸陽，殺子嬰。
西元前206年	項羽分封諸王，自封「西楚霸王」。劉邦被封為「漢王」，以巴、蜀、漢中為封地。不久，劉邦出漢中定三秦，楚漢戰爭開始。

西元前202年	項羽垓下敗亡。
西元前202年	劉邦稱帝，定都長安。史稱西漢。
西元前202年	劉邦分封了七個異姓王。
西元前202—西元前195年	劉邦以謀反之名，先後誅殺韓信、彭越、英布、臧荼等異姓王，降張敖為宣平侯，韓王信逃入匈奴，僅留下長沙王吳芮。劉邦又大封同姓王，為新一割據勢力的形成埋下伏筆。

歷·史·大·事·年·表

西元前200年	白登山之圍。劉邦率大軍討伐韓王信，並抗擊匈奴，反被冒頓單于的騎兵圍於白登山，七天後，劉邦始脫圍。
西元前198年	劉邦與匈奴和親。
西元前195年	劉邦死，劉盈即位，是為漢惠帝。
西元前187—西元前180年	太后呂雉執政，她一心要變「劉家天下」為「呂家天下」。

西元前180年	呂雉死。平定諸呂。劉恆即皇帝位，即漢文帝。
西元前156—西元前141年	漢景帝在位。文帝、景帝在位時，史稱「文景之治」。
西元前154年	平定七國之亂。
西元前145—西元前86年	司馬遷在世。他寫下名著《史記》。

西元前140—西元前87年	漢武帝在位。
西元前138—西元前126年	張騫第一次出使西域。
西元前127—西元前119年	漢大敗匈奴。
西元前119—西元前115年	張騫第二次出使西域。

西元前104年	漢武帝令司馬遷、落下閎、鄧平等作《太初曆》。
西元前104—西元前101年	李廣利攻大宛，大宛降漢。
西元前100年	蘇武出使匈奴，被扣十九年。
西元前87年	漢武帝死，漢昭帝即位。

歷・史・大・事・年・表

西元前74年	漢昭帝死。昌邑王劉賀繼位，不久被廢。劉詢即位，是為漢宣帝。
西元前33年	昭君出塞。
西元前33年	漢元帝死，漢成帝即位，王鳳掌權。
西元前2年	秦景憲受大月氏使臣伊存口授佛經。此後，佛教逐漸流傳開來。

西元8年	王莽稱帝，國號新。
西元17年	王匡、王鳳率荊州饑民起義。
西元18年	樊崇領導赤眉軍起義。
西元25年	劉秀稱帝，年號建武，都洛陽，東漢開始。

西元36年	東漢政府削平各割據勢力，完成統一。
西元73年	班超出使西域。
西元89年	東漢派竇憲出兵，大破北匈奴。
西元105年	宦官蔡倫所造蔡侯紙風行全國。

西元141年	外戚梁冀開始專權。
西元166—176年	黨錮之禍。
西元184年	張角領導黃巾起義。
西元189—192年	董卓之亂。

西元192年	曹操佔據兗州，開始自成一支獨立力量。
西元194年	劉備佔徐州，開始成為一支獨立力量。
西元195年	孫策佔據江東，開始成為一支獨立力量。
西元196年	曹操挾漢獻帝以令諸侯，自封為大將軍、武平侯。

西元197年	袁術稱帝，都壽春。
西元200年	官渡之戰，曹軍大敗袁軍。袁紹及其子袁譚逃回河北。

歷・史・大・事・年・表

西元200年	孫策亡，孫權繼位。
西元207年	曹操討伐烏桓。

西元207年	劉備「三顧茅廬」，得諸葛亮為軍師。
西元208年	赤壁之戰，孫劉聯軍大敗曹軍，三國鼎立。
西元208年	曹操誅殺恃才侮曹的孔融及其家小。
西元209年	劉備娶孫權妹。周瑜病死。

西元211年	劉備入蜀。
西元220年	曹操病死。曹丕繼魏王位，不久稱帝，建立魏朝，
西元221年	史稱曹魏，都洛陽，東漢亡。
西元222年	劉備稱帝，建立漢朝，史稱蜀漢，都成都。
	孫權稱吳王。

西元222年	吳蜀彝陵之戰，蜀軍大敗。
西元223年	劉備死，劉禪即位。
西元230年	孫權派衛溫、諸葛直等率眾萬人，到達夷洲（臺灣）、亶州。
西元234年	諸葛亮六出祁山，駐軍五丈原，與魏軍對峙。不久，諸葛亮病死軍中。

西元249年	司馬懿殺曹爽及其黨羽，掌曹魏大權。
西元251年	司馬懿死，司馬師繼父權。
西元254年	司馬師廢曹芳，立曹髦為帝。
西元255年	司馬昭殺曹髦，立曹璜（曹奐）為帝。
西元263年	魏滅蜀。

歷・史・大・事・年・表

西元265年	司馬炎廢曹奐，自立為帝，國號晉，都洛陽。
西元280年	晉滅吳，全國統一。
西元291—306年	八王之亂。汝南王亮、趙王倫、河間王顒、成都王穎、長沙王乂、齊王冏、東海王越，先後發動爭奪皇權的混戰，史稱八王之亂。
西元296年	氐族人齊萬年領導氐、羌人起義，並稱帝。299年起義失敗。

西元301年	李特率領流民起義，次年李特敗死。
西元304年	李雄佔成都，自立為成都王。
西元306年	李雄稱帝，國號大成。

西元304年	匈奴首領劉淵反晉，建國號漢，並即漢王位。
西元308年	劉淵稱帝，都平陽。
西元310年	劉淵病死，子劉和即位，劉聰奪帝位。
西元313年	劉聰殺晉懷帝。司馬鄴即位，即晉湣帝。

西元316年	劉曜攻長安，西晉亡。
西元317年	司馬睿稱晉王，都建康。
西元318年	司馬睿即帝位，即晉元帝，東晉開始。
西元318年	漢帝劉聰死，劉粲即位，後被殺。劉曜被擁為帝。

西元319年	劉曜改國號為趙，都長安，史稱前趙。
西元323年	晉元帝司馬睿死，司馬紹即位，即晉明帝。
西元330年	石勒稱帝，國號趙，都襄國，史稱後趙。
西元347年	桓溫滅成漢。

西元351年	氐族人苻健稱天王、大單于，都長安，建國號秦，史稱前秦。
西元352年	苻健稱帝。
西元354—369年	桓溫北伐，終敗。
西元355年	苻健死，子苻生繼位。

歷・史・大・事・年・表

西元357年	苻堅殺苻生後，稱大秦王。
西元371年	桓溫廢司馬奕，立司馬昱，是為東晉簡文帝。
西元383年	淝水之戰。東晉謝玄、謝石等率兵大敗苻堅所率秦軍。
西元386年	鮮卑族首領拓跋珪建立魏，史稱北魏。

西元420年	劉裕稱帝，建國號宋，東晉亡。南朝開始。
西元424年	宋文帝劉義隆繼位。
西元424年	魏太武帝拓跋燾即位。
西元424—425年	北魏伐柔然，使其退回大漠以北。

西元431年	北魏滅夏國。
西元436年	北魏滅北燕。
西元439年	北魏滅北涼、統一中國北部。
西元450年	北魏太武帝拓跋燾親率大軍伐劉宋，失利而歸。

西元471年	北魏孝文帝元宏繼位。
西元479年	蕭道成稱帝，建齊，宋亡。
西元495年	北魏由平城遷都洛陽。
西元502年	蕭衍稱帝，建梁，齊亡。

西元534年	大將高歡專權，北魏孝武帝逃往長安，投大將宇文泰。高歡立元善見為帝，遷都鄴，史稱東魏。
西元535年	宇文泰殺孝武帝元修，立元寶炬為帝，都長安，史稱西魏。
西元548—552年	侯景之亂。
西元550年	東魏高洋廢孝靜帝元善見，自立為帝，建國號齊（即北齊），東魏亡；西魏宇文覺廢恭帝元廓，自立為帝，建國號周（即北周）；西魏亡。

西元557年	陳霸先稱帝，建陳，梁亡。
西元557年	大將宇文護殺宇文覺，立宇文毓為帝。
西元560年	宇文護毒殺宇文毓，宇文邕繼位。
西元573年	宇文邕殺宇文護，北周進入強盛時期。

大地 中國史話系列叢書介紹

中國史話(1)
尋找失落的歷史年表
《石器時代、夏、商、西周》
(170萬年前～西元前771)
編著：中國史話編輯委員會
定價：250元

中華文明的歷史遺存
慷慨萬千的斷代工程
嘆為觀止的考古發掘
考證遠古人類的生存方式
解讀夏商周的歷史年表
述說不為人知的傳奇與奧妙

本書共分四章，內容包括：文明初始、尋找失落的年表、三星堆、殷墟婦好墓。
這裏有中華文明的歷史遺存、慷慨萬千的斷代工程、嘆為觀止的考古發掘，本書為讀者考證遠古人類的生存方式、解讀夏商周的歷史年表、述說不為人知的傳奇與奧妙。

大地 中國史話系列叢書介紹

中國史話(2)
唇槍舌戰的春秋時代
《東周、春秋戰國》
(西元前770～西元前222)
編著：中國史話編輯委員會
定價：250元

捨我其誰的熱血男兒
獨領風騷的思想巨人
一曲難在的妙曼天音
探究鐵馬金戈的戰國遺跡
追尋萬古流芳的諸子百家
開啓色彩斑斕的曾侯乙墓

本書分西周和春秋戰國和曾侯乙墓兩部分。內容包括：封建王朝的開端、制禮作樂與由神及人、競爭與動盪紛雜的歷史、隱者和道家等。

大地 中國史話系列叢書介紹

中國史話(3)
氣吞山河的雄奇帝國
《秦、兩漢三國、魏晉南北朝》
(西元前359～西元573)

編著：中國史話編輯委員會

定價：250元

曇花一現的鐵血軍團

風雲際會的兩漢王朝

群雄爭霸的三國鼎立

親歷橫掃天下的大秦帝國

撫摸魅力永駐的雲岡龍門

再現白衣飄然的魏晉風度

本書共分五章，內容包括：秦帝國、兩漢三國、金縷玉衣、魏晉風度、石刻上的歷史。您可以領略曇花一現的鐵血軍團、風雲際會的兩漢王朝、群雄爭霸的三國鼎立，亦可親歷橫掃天下的大秦帝國、撫摸魅力永駐的雲岡龍門，書中再現了白衣飄然的魏晉風度。

大地 中國史話系列叢書介紹

中國史話(4)
塵封不住的絢麗王朝
《隋唐、兩宋、五代十國(遼、西夏、金)》(西元581～西元1206)

編著：中國史話編輯委員會

定價：250元

風華絕代的隋唐氣象

一枝獨秀的兩宋雲煙

塵封千載的西夏往事

領略繽紛瑰寶的盛世繁華

品味錦上添花的兩宋芳澤

探尋黃沙深處的王朝蹤影

本書共分八章，內容包括：隋朝業績、虞弘墓、盛唐氣象、大唐遺風、五代與遼文化、汴京夢華、錦繡江南、西夏王朝。書中涵蓋風華絕代的隋唐氣象，一枝獨秀的兩宋雲煙，塵封千載的西夏往事，可以領略繽紛瑰寶的大唐繁華，品味錦上添花的兩宋芳澤，探尋黃沙深處的王朝蹤影。

大地 中國史話系列叢書介紹

中國史話(5)
三朝上演的皇權沉浮
《元、明、清》
(西元1206～西元1842)
編著：中國史話編輯委員會
定價：250元

獨步天下的蒙古帝國
氣吞華宇的明朝帝都
濃墨重彩的康乾盛世
揭開繁盛華錦的蒙古詩篇
起航波瀾壯闊的明代巨輪
透視盛極而衰的清宮末路

本書共分六章，内容包括：元朝風韻、明朝興起、康乾盛世、避暑山莊、文化劫掠、近代鐵路。

通過本書您可以了解縱橫四海的蒙古帝國、氣吞華宇的明朝帝都、濃墨重彩的康乾盛世，您可以綜覽氣象萬千的元朝風韻、起航大氣磅礴的明代巨輪，可以透視盛極而衰的清宮末路。

大地 中國史話系列叢書介紹

中國史話(6)
吶喊聲中的圖強變革
《清末、民初》
(西元1900～西元1919)
編著：中國史話編輯委員會
定價：250元

暮鼓晨鐘的血雨腥風
席捲神州的覺醒奮發
描繪勵精圖治的少年中國
展示庚子事變的翻天覆地
重現覺醒者們的生死豪情

本書分為庚子事變和記憶百年兩部分。主要內容包括：庚子事變的真相、清軍和義和團對東交民巷的圍攻、聯軍攻進了北京城、孫中山革命、清帝遜位、民國成立。

國家圖書館出版品預行編目資料

氣吞山河的雄奇帝國／中國史話編輯委員會編著
— 一版—台北市；大地出版社　2006〔民95〕
　面：　公分. --（中國史話；3）
　ISBN 978-986-7480-62-0（平裝）
　ISBN 986-7480-62-7（平裝）
　1.中國 - 歷史 - 通俗作品

610.9　　　　　　　　　　　95018483

中國史話(3)氣吞山河的雄奇帝國

編　　　者	中國史話編輯委員會
發 行 人	吳錫清
主　　　編	陳玟玟
出 版 者	大地出版社
社　　　址	114台北市內湖區內湖路2段103巷104號
劃撥帳號	0019252-9（戶名：大地出版社）
電　　　話	02-26277749
傳　　　眞	02-26270895
E - m a i l	vastplai@ms45.hinet.net
美術設計	洸譜創意設計股份有限公司
封面設計	洸譜創意設計股份有限公司
印 刷 者	卡樂彩色製版印刷有限公司
一版一刷	2006年10月

大地

定　　價：250元

中文繁體字版由上海科學技
術文獻出版社授權出版發行

Printed in Taiwan